Franz X. Bogner

Niederbayern aus der Luft

Verlag Friedrich Pustet Regensburg

Inhalt

Vorwort

Es ist heutzutage schwer, etwas wirklich Neues zu Gesicht zu bekommen, das man sich nicht vorher schon im Internet „ergoogeln“ konnte. Täglich sind wir einer enormen Bilderflut ausgesetzt. Selbst die Vogelperspektive des Luftbilds ist kein so ungewöhnlicher Blickwinkel mehr. Bilder müssen daher heute mehr denn je spannend komponiert werden, damit wir eigentlich Altbekanntes in einem neuen Licht wahrnehmen. Ist dies der Fall, lässt uns ein Bild genauer hinsehen; es kann uns – wie im Fall dieses Luftbildbands – dabei helfen, Kultur und Natur wieder zusammenzubringen und besser für den Schutz Letzterer zu sorgen. Schon Ansel Adams (1902–1984) wusste, dass an einem Bild immer mindestens zwei Leute beteiligt sind: der Fotograf und der Betrachter. Mit seinen Schwarz-Weiß-Bildern hat er schließlich einen ganzen Kontinent für die Schönheiten der Natur begeistern können – und dadurch entscheidend zu deren Schutz beigetragen. Er war ein Meister des Lichtpinsels, dem es gelang, mit Lichtkontrasten großartige Emotionen ins Bild zu bringen. Zwar heißt Fotografie nichts anderes als „mit Licht schreiben“, doch erwarten wir heute mehr denn je ein gut komponiertes Bild mit einem emotional geführten Farbpinsel. Auch in der Luftbildfotografie ist dies möglich: Jeder Schatten ist letztlich ein „Kind des Lichts“.

Während meiner Regensburger Studienzeit habe ich viele Diskussionen zwischen Oberpfälzern und Niederbayern erlebt. Es waren angenehme Dispute, zeigten sie doch bei aller gemeinsamen Geschichte auch wieder beachtliche Unterschiede zwischen beiden Landstrichen. Doch selbst Niederbayern ist nicht immer einen einheitlichen Weg gegangen, sonst würde es Passau, Landshut oder Straubing in ihrer jetzigen Form sicher nicht geben. Es ist über die Jahrhunderte gewachsen, hat viel von außen integriert und ist doch ein Unikat geblieben. Oberflächlich besehen mögen Unterschiede vernachlässigbar erscheinen; von innen betrachtet zeigen sich aber bemerkenswerte Vitalität und Selbstbewusstsein.

Mein besonderer Dank gilt den Piloten, die meist in kurzfristiger Abstimmung und nicht selten zu frühester Stunde mit mir über Niederbayern flogen, insbesondere P. Bündgen (Manching), W. Kellner (Deggendorf) sowie D. Grützner (Straubing) und R. Hierl (Berching). Mein Dank gebührt auch den Heimatpflegern und Bürgermeistern, die mir immer wieder weiterhalfen, wenn Geschriebenes nicht ausreichend erschien. Des Weiteren gelang es Arthur Lenner erneut vorbildlich, die vielen Luftbilder ins rechte Format zu setzen. Nicht zuletzt möchte ich mich beim Verlag Friedrich Pustet bedanken, der mit diesem Buch innerhalb der Kultur-&-Natur-Reihe mit ihren bereits mehr als zwei Dutzend Titeln den nunmehr sechsten Luftbildband der engeren Region herausbringt.

Viel Freude mit dem Ergebnis!

Die Donau windet sich im Gäuboden mit lang gezogenen Kurven durch ein weites Tal, das der Fluss früher ganz für sich vereinnahmte.

Almanach

Niederbayern ist für viele Zeitgenossen das „eigentliche" Bayern. Im Spätmittelalter war es sogar der Musterstaat Deutschlands: Hier hatte man eine moderne Verwaltung aufgebaut, es gab kaum Kriminalität (Handelsreisende sprachen in diesem Zusammenhang ehrfurchtsvoll von einem „Rosengarten", wenn sie durch Niederbayern kamen), hier war die Welt in Ordnung. Zwar zahlten die Untertanen auch nicht mehr Steuern als anderswo, doch hatten die Herzöge den Beinamen „der Reiche". Offensichtlich wirtschaftete man hier besser! Niederbayern war das Herzland Bayerns und zweifelsohne auch das Kernland der Bajuwaren, nachdem das Vielvölkerreich der Römer kollabiert war: Jahrhunderte massiver Einwanderung, jede Menge Parallelgesellschaften hatten die Römer zur Minderheit im eigenen Land gemacht – und am Ende reichte eine Krise aus, die zu Cäsars Zeiten mit links gelöst worden wäre. Es fehlte der innere Zusammenhalt; jeder wollte nur mehr nehmen, geben sollten die anderen.

Niederbayern war im Mittelalter deutlich größer als heute; Teile Oberbayerns und der Oberpfalz, ja sogar Mittelfrankens gehörten dazu, ebenso das österreichische Innviertel oder Kitzbühel und Kufstein in Tirol. Das Teilherzogtum Niederbayern entstand 1255, als sich zwei Brüder wegen unüberbrückbarer Meinungsverschiedenheiten das Bayernland teilten. Dies war eigentlich illegal – das Herzogtum Bayern war als Ganzes zum Lehen gegeben –, doch die staufische Kaisermacht war damals schwach, weil der legendäre Friedrich II. (1194–1250) ein Machtvakuum in der Nachfolgeregelung hinterlassen hatte. Kaiser Ludwig der Bayer (1283–1347) konnte Nieder- und Oberbayern kurzzeitig wieder vereinigen, aber seine sechs Söhne brachen ihren heiligen Eid, Bayern nie mehr zu teilen, schnell wieder: Drei der Brüder bekamen Niederbayern und die niederländischen Grafschaften zugesprochen. Stephan II. erhielt den Süden Niederbayerns mit der Hauptstadt Landshut (Herzogtum Bayern-Landshut), Wilhelm I. und Albrecht I. teilten sich das „Straubinger Ländchen" (sowie die niederländischen Grafschaften). Letzteres erstreckte sich von Dietfurt bis nach Schärding am Inn, von Furth im Wald an der böhmischen Grenze bis nach Dingolfing. Straubing und Den Haag waren die Residenzstädte. Erst 1505 wurde Bayern wiedervereinigt: Ein schrecklicher innerbayerischer Bürgerkrieg hatte zuvor viele bayerische Städte und Dörfer in Flammen aufgehen lassen, manch einer hatte sich am Verwandtenzwist in Bayern bereichert; ein gewisser Götz von Berlichingen hatte dabei seine rechte Hand verloren.

Geographisch vereinigt Niederbayern wichtige Landschaften des Bundeslands: Der Gäuboden repräsentiert das größte Lößgebiet Süddeutschlands und damit fruchtbarstes Ackerland. Das untere Altmühltal nennt mit Kelheim eine bayerische Hauptstadt sein eigen, die Befreiungshalle und das älteste Kloster Weltenburg markieren wichtige Zeitabschnitte Niederbayerns. Die Hallertau, Bayerns zentrales Hopfenanbaugebiet, teilt man sich heute mit Oberbayern. Das untere Inntal ist durch und durch Grenzland, seit das Innviertel 1777 an Österreich fiel. Schließlich geht das Tertiäre Hügelland fließend nach Oberbayern über, große Teile des historischen Niederbayern werden heute Oberbayern zugerechnet. Das niederbayerische Wappen verdeutlicht dem kundigen Zeitgenossen viel von der Geschichte des Landes. Es zeigt die weißblauen bayerischen Rauten und einen aufgerichteten roten Panther. Beide Teile des Wappens haben in der mittelalterlichen Geschichte Niederbayerns ihren dominanten Platz: Die Rauten symbolisieren das Wittelsbacher Land und stammen ursprünglich von den Grafen von Bogen, gingen jedoch 1242 durch Heirat an die Wittelsbacher Herzöge über. Der Panther ver-

Heute stellt sich die Donau als breites, geschlossenes Wasserband dar. Noch in der Steinzeit war sie eher ein weit verästeltes Flusssystem, das fast nach jedem Hochwasser einen anderen Verlauf nahm.

weist auf die Grafen von Ortenburg-Kraiburg, die einst viel Land zwischen Donau, Isar, Inn und Chiemsee besessen hatten. Ihr Wappen wurde daher in roter Farbe für Niederbayern übernommen (und in blauer Farbe für Oberbayern).

Eine Besonderheit Niederbayerns waren die Hofmarken, die für gut 500 Jahre den Status eines „Staats im Staate“ innehatten: Der Landesherr war nur mehr für Kapitalverbrechen zuständig, alle übrige Gerichtsbarkeit oblag der Hofmark selbst. Sie gehen zurück auf das Jahr 1311, in dem die niederbayerischen Städte während einer finanziellen Staatskrise Herzog Otto III. (1261–1312) eine einmalige Notsteuer zugestehen mussten – die Ottonische Handfeste –, der ihnen im Gegenzug die niedere Gerichtsbarkeit übertrug. Otto war von 1305 bis 1307 ungarischer König gewesen, dann aber vertrieben worden. Hochverschuldet war er nach Niederbayern zurückgekehrt.

Der niederbayerische Dialekt ist eine Variante des Mittelbairischen, das auch in Oberbayern, der südlichen Oberpfalz, dem Flachgau, Oberösterreich, Niederösterreich und Wien gesprochen wird. Allgemein kennzeichnend sind die zu b, d und g abgeschwächten Fortis-Laute p, t und k: Worte wie Pech, Tag und Knecht werden als Bèch, Dåg und Gnechd ausgesprochen. Oft kommt der niederbayerische Dialekt mit vergleichsweise wenig Sprachaufwand aus, zum Beispiel: Oa Oa und no oa Oa san zwoa Oa (Ein Ei und noch ein Ei sind zwei Eier). „Insider“ werden auch den abfälligen oberbayerischen Witz über die Erschaffung der Niederbayern kennen, als der Herrgott sich an die Grenze Oberbayerns stellte und hinüber sprach: „Es Sei.“ Dialektkenner wissen um die Zweideutigkeit!

Wenn es nach Niederbayern gegangen wäre, sähe Bayern heute sicher anders aus: Man braucht dazu nur das Abstimmungsverhalten, etwa als sich im Januar 1871 Bayern als selbstständiger Staat auflöste und im Deutschen Reich aufging, betrachten. Nach zehntägiger (!) Redeschlacht im Münchner Landtag stimmten Niederbayern und die Oberpfalz als einzige Regionen Bayerns mit großer Mehrheit dagegen (26:6). Oberbayern lief hingegen nahezu geschlossen über (7:25); in Unterfranken ging die Entscheidung wenigstens noch unentschieden aus. Die Vertreter des bayerischen Adels hatten lediglich einen einzigen Vormittag gebraucht, um die Souveränität Bayerns preiszugeben. Adel und Großbürgertum hielten nicht viel von den bayerischen Patrioten, in ihren Augen waren es allenfalls rückständige Separatisten. Auch der junge König Ludwig II. (1845–1886) war durch die heimlichen Millionenzahlungen Bismarcks aus dem legendären Welfenfond schnell überzeugt. Dabei lohnt es sich heute noch, die Reden der Abgeordneten August Wiesnet (1810–1893) aus Passau oder Edmund Jörg (1819–1901) aus Landshut zu lesen: Aus ihrem Mund kamen Prophezeiungen wie die, „dass es in wenigen Jahren … wieder einen Krieg geben werde … den Rachefeldzug mit Frankreich, das dann nicht mehr ohne Alliierte sein werde; dass die Völker Europas bis an die Zähne bewaffnet, Gewehr bei Fuß, gegeneinander stehen würden; dass der (preußische) Militarismus die höchsten Interessen der Völker überfluten werde“. Im Sinne der legendären *Libertas Bavariae* wurden im Schlussplädoyer schon wahrhaft europäische Perspektiven aufgezeigt: „Ziel müsse eine neue freiheitliche internationale Ordnung der europäischen Menschheit sein.“ Es half alles nichts, zu viele bayerische Politiker hörten nicht auf ihr Volk, Preußen war nicht aufzuhalten: Insgesamt votierten ganze 48 bayerische Parlamentarier gegen den Anschluss. Nach Meinung nicht Weniger wäre die europäische Geschichte vermutlich anders verlaufen (vielleicht sogar ohne zwei Weltkriege), hätte Bayern damals mehr auf Niederbayern gehört.

Die Dreiflüssestadt Passau lud förmlich zur Besiedlung ein: Derart gute Verkehrsanbindungen übers Wasser sind selten.

linke Seite
Straubing war zwei Generationen lang Hauptstadt Niederbayerns. Da dem Straubinger Ländchen ein ungleich größeres Land in Holland gehörte, sprach man auch von Straubing-Holland. Zwar wurde unter den Straubinger Wittelsbachern die Grundlage der holländischen Handelsmacht gelegt, doch beendete Gift die steile Karriere dieses Teils von Niederbayern; das Straubinger Ländchen wurde zwischen München, Landshut und Ingolstadt aufgeteilt.

oben
Deggendorf wird gerne als das „Tor zum Bayerischen Wald" bezeichnet. Das Rathaus, das den Stadtplatz zweiteilt, besteht aus der ehemaligen Martinskapelle im Nordteil, dem imposanten Stadtturm und dem eigentlichen Rathausbau.

unten
Das Kloster Weltenburg gilt als eines der ältesten Bayerns. Hier hatten schon die Kelten und die Römer gebaut, bevor 617 iroschottische Mönche das Kloster gründeten. Die zugehörige Brauerei blickt dagegen auf „nur" knapp tausend Jahre Geschichte zurück – sie ist somit eine der ältesten Klosterbrauereien der Welt. Der „World Beer Award" zeichnete 2004 und 2008 das Weltenburger Barock Dunkel als bestes Dunkelbier der Welt aus.

Der Bayerische Wald hieß vor gut 1000 Jahren schlicht der „Nordwald". Später bezeichnete man ihn wegen seiner Lage im Norden des Herzogtums Bayern als „bayerischen Wald". Mit der Zeit setzte sich der Name „Böhmerwald" für das ganze Waldgebiet „gegen Böhmen" durch. Obwohl es sich geologisch gesehen zwar um einen einzigen Gebirgsstock handelt, wird bei der Benennung seit gut hundert Jahren entsprechend den politischen Grenzen unterschieden: Der Bayerische Wald ist der deutsche Teil, der Böhmerwald (Šumava) der tschechische.

linke Seite
„Gurkenflieger“ sind in Niederbayern kein seltener Anblick: Auf überdachten Tragflächen liegen hier bäuchlings gleichzeitig bis zu zwei Dutzend Erntehelfer nebeneinander, pflücken die Gurken per Hand und legen sie auf ein Förderband.

oben
Zwar sind mehrere Donauschleifen der Schifffahrts-Lobby immer wieder ein Dorn im Auge, doch die Bevölkerung Niederbayerns will bisher von einer Begradigung und einem Donauausbau gottlob nichts wissen.

unten
Viele Kiesgruben – wie hier bei Atting in der Nähe von Straubing – sind heute beliebte Badeweiher, nachdem sie ihren Besitzern gutes Geld gebracht haben und der landwirtschaftlichen Nutzung nicht mehr zur Verfügung stehen.

Das Landshuter Land

Landshut wurde bald nach seiner Gründung im Jahr 1204 Residenzstadt. Otto II., der Sohn des Gründers (Ludwig des Kelheimers), wählte die Stadt als neues Zentrum seiner Lande. Nachdem sein Vater in Kelheim einem Attentat zum Opfer gefallen war, erschien ihm die Landshuter Burg sicherer. Die Stadt wurde für knapp drei Jahrhunderte eine wichtige Residenz. Bis um 1500 war Bayern-Landshut das unbestrittene Kronjuwel Bayerns. Die dortigen Herzöge trugen den Beinamen „der Reiche", doch führten sie häufig Kriege gegen Nachbarn oder eigene Ritter und gewannen diese auch meistens, da sie mehr Kapital einsetzen konnten. Die glanzvolle Landshuter Hochzeit (1475) wurde schließlich zum letzten Höhepunkt des Herzogtums: Der junge Herzog Georg der Reiche ehelichte die polnische Prinzessin Hedwig Jagiellonica, und alles, was Rang und Namen hatte, kam zur Vermählung – ein europaweit beachtetes Ereignis. Es war eine arrangierte Hochzeit, wie damals im Hochadel üblich, intensive Gespräche der beiden Fürstenhäuser waren vorausgegangen. Der Kurfürst von Brandenburg sprach gar von einer göttlichen Fügung zum Nutzen von Christenheit und Reich. Getraut wurde das Paar vom Salzburger Erzbischof, der Brautzug führte durch die Altstadt zum Rathaus, wo man von Kaiser Friedrich III. persönlich erwartet wurde. Trotz aller Pracht, die Uhr Landshuts lief ab: Es gab beim nächsten Generationswechsel keinen erbberechtigten Prinzen, das Erbe wartete auf die Verwandten in München, denen man es nicht gönnte. Entgegen den Hausverträgen setzte Georg seine Tochter Elisabeth als Erbin ein. Heute wird das mittelalterliche Spektakel alle vier Jahre stilvoll und mit bewundernswertem Einsatz nachgespielt. Ironie der Geschichte: Mit Karl Theodor fiel das Münchner Erbe 270 Jahre später an einen Nachkommen Elisabeths. Das hätte sich der Münchner Herzog Albrecht IV. wohl nicht träumen lassen, als er 1503/04 den Landshuter Erbfolgekrieg vom Zaun brach.

Die Gründungsgeschichte Landshuts ähnelte der von München: Auch hier wurde eine bischöfliche Mautbrücke (hier die des Regensburger Bischofs) zerstört und eine neue eigene Brücke gebaut, um den begehrten Salzzoll einzunehmen. Der Name der Stadt war Programm: „Schutz des Landes". Wie das nahe München, so gedieh auch Landshut schnell; die Stadtmauern mussten mehrmals erweitert werden: Zug um Zug kamen neue Stadtteile hinzu. Man wurde daher geradezu zwangsläufig die Hauptstadt Niederbayerns, als das Herzogtum Niederbayern-Landshut aus der Taufe gehoben wurde. Nicht, dass es keine Probleme gegeben hätte: Man war ständig in Kriege mit Nachbarn verwickelt, auch die eigenen Untertanen wurden bisweilen an die kurze Leine gelegt. So ließ Herzog Heinrich XVI. einst den gesamten Stadtrat auf der Burg Trausnitz gefangen setzen; die Kassen füllte er, indem er die 49 reichsten Bürger enteignete. Der Beiname „der Reiche" ging somit auch auf Kosten der Zeitgenossen, die auf ihren Anteil am Wohlstand verzichten mussten.

Nach einem grausamen Erbfolgekrieg erlosch 1505 die glanzvolle Residenzzeit Landshuts. Künftig lag die Hauptstadt Bayerns zwar ebenfalls noch an der Isar, aber mit München weiter flussaufwärts. Ein schnell erlassenes so genanntes Primogeniturgesetz beendete die unseligen Landesteilungen, die 250 Jahre lang immer wieder Unheil über das Bayernland gebracht hatten. In Zukunft sollte es keine solchen mehr geben, nur mehr Erstgeborene hatten Anspruch auf den Herzogstuhl. Wäre Landshut die Hauptstadt geblieben, würde heute die Kapitale etwas zentraler im Land liegen. Kritische Zungen sagen aber, Landshut habe auf diese Weise nur gewonnen: Eine Millionensiedlung beiderseits der Isar hätte den einzigartigen Charme Landshuts wohl zertreten.

linke Seite oben
Die dicht gedrängte Altstadt Landshuts mit der Stiftsbasilika St. Martin atmet die große Zeit als niederbayerisches Teilherzogtum, in der hier mit großem Erfolg alle politischen Fäden zusammengeführt wurden.

linke Seite unten
Burg Trausnitz war im Hochmittelalter die Trutzburg der Landshuter Herzöge, von der aus man bei Bedarf auch eigene Bürger in Schach halten konnte. Spitze Zungen sehen in der gewaltigen Höhe des Backsteinturms der St. Martinskirche (gut 130 m) vor allem politische Gründe: Die Bürger Landshuts wollten auf Augenhöhe mit dem Herzog in der Burg Trausnitz sein.

oben
Der Druckwasserreaktor Isar-II hat bereits viermal Welt-Jahresleistung geliefert und wird daher gerne als der produktivste Kernkraftwerksblock der Welt bezeichnet. Er liegt in der Nähe von Landshut auf dem Gebiet des Markts Essenbach.

unten
Trotz starker Regulierung hat gerade die Isar immer wieder einen stattlichen Auwald zu bieten – wenn auch meist begrenzt von hohen Dämmen (siehe links unten).

St. Wolfgang bei Essenbach ist ein einsam gelegenes Kirchlein, entstanden aus einem kleinen Wallfahrtsort zu Ehren des hl. Wolfgang, mit einfühlsamen gotischen Wandmalereien. Trotz – oder gerade wegen – der abseitigen Lage ist es eine lebendige Kirche, in der beispielsweise regelmäßig Trauungen stattfinden; auch die kleine ehemalige Klause neben der Kirche dient als Treffpunkt der Gläubigen.

oben
Schloss Kronwinkl, hoch über der Isar gelegen, ist eine der ältesten Burganlagen Altbayerns. Es ist seit neun Jahrhunderten der Stammsitz der Grafen von Preysing.

unten
Schloss Bruckberg geht auf eine mittelalterliche Burganlage mit Wällen und Wassergräben zurück. Seit seinem Wiederaufbau um 1780 besitzt es einen schmucken Arkadenhof; der Backstein-Bergfried stammt noch aus dem Mittelalter.

Der Name von Weihenstephan ist selbsterklärend, ist die Kirche doch dem hl. Stephan geweiht. Der kleine Ort war bereits im Mittelalter von Bedeutung: Im Kloster St. Emmeram in Regensburg gibt es eine Urkunde aus dem Jahr 1259, in der Weihenstephan genannt wird.

linke Seite
Dingolfing geht auf eine getrennte Doppelgründung zurück, die aus dem Stadtplan noch gut ersichtlich ist. Die wittelsbachischen Herzöge schufen die Oberstadt, der Regensburger Bischof stand für die Unterstadt; durch den Steinweg waren die beiden Städte verbunden. Erst später kam die Gesamtstadt in eine Hand – in die des niederbayerischen Herzogs.

Trotz mehrmaliger Zerstörung konnte sich die Altstadt Landaus ihre mittelalterliche Struktur bewahren. Die Stadt besteht heute auf dem Namenszusatz „an der Isar“, denn in der Pfalz gibt es schließlich noch ein weiteres Landau.

Das vierflüglige Wasserschloss Moos umschließt einen stattlichen Arkadenhof. Es war eines der vielen unsinnigen Opfer des Landshuter Erbfolgekriegs: Im Frühsommer 1504 wurde es von den eigentlichen Erben verwüstet. Beim Wiederaufbau erhielt es seine vier charakteristischen Türme.

rechte Seite
Die Isar kann im Bereich der zahlreichen Staustufen sehr breit werden und – wie hier bei Mamming – durchaus an „alte“ Ausmaße erinnern.

Straubing und der Gäuboden

Zum Straubinger Ländchen gehörten um 1400 die niederländischen Grafschaften Hennegau, Holland, Seeland und Friesland. Man besetzte den Bischofsstuhl von Lüttich mit nachgeborenen Söhnen und arrangierte 1385 sogar die berühmte Doppelhochzeit von Cambrai, in der die Straubinger Herzogsfamilie mit den mächtigen Burgundern verbunden wurde: Gut 20 000 geladene Gäste einschließlich des französischen Königs feierten acht Tage lang die Hochzeit der Geschwister Wilhelm und Margarethe (Bayern-Straubing) mit den Geschwistern Margaretha und Johann (Burgund). Die Straubinger Herzöge weilten allerdings selten in ihrer Stadt, ein Statthalter hatte dort das Sagen. Mittelfristig hätte man Landshut (und München sowieso) leicht überboten, weil sich Holland zu einem europäischen Handelszentrum erster Wahl entwickelte. Doch es kam anders. Der letzte Erbe, Johann III., wurde 1425 ermordet und hinterließ keine Nachkommen; nach nur 75 Jahren Bestand war Straubing-Holland wieder Geschichte: Die Teilherzogtümer München, Landshut und Ingolstadt teilten es unter sich auf. Straubing war anschließend noch für kurze Zeit die Residenz des Münchner Prinzen, doch auch das führte zu gehörigen Problemen, heiratete dieser doch eine gewisse Agnes Bernauer (1410–1435) und gefährdete die Münchner Dynastie aufs Höchste. Sie war ein Augsburger Mädchen, das der Münchner Prinz Albrecht heimlich geehelicht hatte. Diese nicht standesgemäße Heirat des einzigen Sohns rief jedoch seinen Vater auf den Plan, der die Erbfolge gefährdet und das Teilherzogtum an die Verwandten fallen sah (Kinder aus dieser Ehe wären nicht erbberechtigt gewesen). Er ließ seinen Sohn zur Jagd nach Landshut locken, sorgte derweil für die Verhaftung seiner nicht willkommenen Schwiegertochter und schuf vollendete Tatsachen: Willfährige Richter erklärten Agnes Bernauer zur Hexe und ließen sie sogleich in der Donau ertränken. Der Prinz schäumte vor Wut und jedermann erwartete eine militärische Auseinandersetzung zwischen Vater und Sohn. Diese blieb aber aus. Nach wenigen Monaten schon versöhnten sich die beiden und Albrecht heiratete erneut, diesmal standesgemäß. Aus der Ehe gingen 10 Kinder hervor. Doch das Andenken seiner ersten Frau blieb über viele Jahrhunderte im Volk gewahrt: Heute ziehen die Agnes-Bernauer-Festspiele alljährlich Tausende von Besuchern an.

Der Römerschatz von Straubing verweist auf das römische *Sorviodurum*, das nach den Markomannenkriegen (173/174 n. Chr.) als stabiles Steinkastell den „nassen Limes“ um Straubing schützten sollte. Wie jeder Verteidigungswall versagte auch der Limes, als er gebraucht worden wäre, um die Alamannen aufzuhalten, die 233 n. Chr. das Römerreich stürmten. Die Bevölkerung versteckte noch schnell ihre Wertsachen, zur Hebung kam es jedoch nicht mehr: Erst in den 1950er-Jahren fand man beim Pflügen unter einem umgestülpten Bronzekessel Teile verschiedener Paraderüstungen, prachtvolle Gesichtsmasken, filigran getriebene Beinschienen und bronzene Kopfschutzplatten für Turnierpferde. Zwanzig Jahre vorher hatte man im nahen Kirchmatting rund 1000 Goldmünzen ausgegraben, die jüngste Prägung verweist auf das Jahr 233.

Die Grafen von Bogen waren die mächtigsten Grafen von Ostbayern und verbreiterten ihre Machtbasis vor allem durch Rodungen und Kolonisation des Bayerischen Waldes. Ihre Stammburg befand sich auf dem Bogenberg an der Donau. Letztlich waren sie dem gewieften Taktierer Ludwig dem Kelheimer nicht gewachsen; zwar verlor der Wittelsbacher militärisch im innerbayerischen Ringen, politisch konnten die Grafen von Bogen ihre Erbrechte aber nicht durchsetzen. Ludwig heiratete die Witwe des letzten Grafen und sein Sohn Otto konnte sich die Herrschaft sichern.

Straubing ist die größte Stadt im Gäuboden. Zunächst auf römischen Grundmauern erbaut, entwickelte es sich im Hochmittelalter bald zu einem Zentrum wittelsbachischer Herrschaft; vor allem Herzog Ludwig der Kelheimer setzte 1218 mit der Gründung der so genannten Straubinger Neustadt außerhalb des alten Siedlungszentrums deutliche Zeichen seiner Herrschaft.

oben

Das Gäubodenfest ist nach dem Münchner Oktoberfest das größte Volksfest Altbayerns. Es wurde 1812 per königlichem Dekret als landwirtschaftliches Vereinsfest im Unterdonaukreis ins Leben gerufen. Erst seit 1949 heißt es offiziell Gäubodenfest; inzwischen zieht es im August alljährlich deutlich über eine Million meist einheimische Besucher an, denen in sechs Festzelten etwa 23 000 Sitzplätze zur Verfügung stehen.

unten

Früher war der Gäuboden die unangefochtene Kornkammer Bayerns. Heute sind es nicht selten ausgedehnte Maisfelder, die das sommerliche Bild beherrschen können.

linke Seite
Der Gäuboden (oder Dungau) zählt zu den größten Lössgebieten Süddeutschlands. Seine Grenzen sind nicht fest umrissen, eine Breite von rund 15 km südlich der Donau ist jedoch unstrittig. Während der letzten Eiszeit, als Stürme kalkhaltigen Staub herantrugen, konnte sich hier eine bis zu 6 m dicke Lössschicht bilden. Der Gäuboden war denn auch eine der ersten Gegenden Niederbayerns, die in der Jungsteinzeit zu landwirtschaftlichen Zwecken genutzt wurden. Heute sind Zuckerrübenkulturen die wohl lukrativste Anbauart der Gegend.

oben
Auch unmittelbar nördlich der Donau prägen noch vor dem Anstieg des Vorwaldes immer wieder allein gelegene Bauernhöfe das Landschaftsbild.

unten
Die Donau ist längst auf ein vergleichsweise schmales Wasserband zusammengedrängt. In früheren Jahrhunderten hatte sie die breite Ebene alleine beansprucht. Hochwasser waren normal und brachten kaum Schaden für die Auen. Die hohe Fruchtbarkeit des Schwemmlandes ließ jedoch früh landwirtschaftliche Begehrlichkeiten aufkommen, die mit zunehmenden technischen Möglichkeiten auch erfüllt wurden. Heute ist die Donau über sehr weite Strecken auf beiden Seiten von Dämmen gesäumt, die ihr klar den Lauf vorgeben.

linke Seite
Im Vorwald erscheinen Niederschläge oft schon als fein gepuderter Schnee, während es in der Donauebene noch regnet.

oben
Kloster Windberg war eine Stiftung des Grafen von Bogen; auch der böhmische Herzog hatte ganze Ortschaften zugestiftet. Die dreischiffige Basilika stammt in ihrer Bausubstanz aus der Gründerzeit. Das Kloster wurde über die Jahrhunderte ein wichtiges religiöses und kulturelles Zentrum der Region, das es auch blieb, als es in Bogen oder in Böhmen längst keine Grafen mehr gab.

unten
Schloss Offenberg war ursprünglich als Wehrbau konzipiert. Seine heutige dreiflüglige Anlage mit Arkaden-Innenhof und einer Schlosskapelle reicht rund 300 Jahre zurück.

oben

Die Wallfahrt auf den Bogenberg gilt mit ihrem Beginn im Jahr 1104 als älteste Marienwallfahrt Bayerns. Seit gut 500 Jahren tragen alljährlich am Pfingstsonntag Pilger aus Holzkirchen in einem zweitägigen Fußmarsch eine 13 m hohe und etwa einen Zentner schwere Kerze auf den Bogenberg.

unten

Kloster Metten war eines der ersten Klöster, das nach der Säkularisation wieder errichtet wurde; es zählte zu den bayerischen Urklöstern aus der Zeit um 766.

rechte Seite

Besonders im Winter zeigt sich das Damm-Korsett der Donau besonders gut, das den weiten, flachen Talraum vor dem regelmäßigen Hochwasser schützen soll.

linke Seite oben
Kloster Oberaltaich zeigt sich als barocke Anlage. Die Kirchenfresken thematisieren die angebliche Erstgründung der Abtei und verherrlichen ihre kulturellen sowie wissenschaftlichen Leistungen und Verdienste bei der Rekatholisierung der nahen Oberpfalz. Seit der Säkularisation dient die Klosterkirche als Pfarrkirche.

linke Seite unten
Schloss Egg geht im Kern auf eine mittelalterliche Burganlage zurück, die im 19. Jahrhundert im romantischen Historismus überformt wurde. Heute kann man hier stilvoll heiraten, ein romantisches Candlelight-Dinner genießen oder im Biergarten unter jahrhundertealten Bäumen die besondere Atmosphäre auf sich wirken lassen.

Der Natternberg ragt mit seinen 65 m so dominant aus der Donauebene heraus, dass er im Volksmund nur „Teufelswerk" sein konnte. Auf der Burg hatte sich für kurze Zeit eine eigene Herzogslinie etabliert, die jedoch mit dem frühen Tod Heinrichs des Natternbergers (1312–1333) bald wieder endete.

Die Kirche auf dem Ulrichsberg ist ein weithin sichtbares Wahrzeichen des Deggendorfer Landes. Das Deckengemälde des heimischen Malers Joseph Seidl thematisiert die Legende des hl. Ulrich und der siegreichen Schlacht auf dem Lechfeld gegen die Ungarn.

rechte Seite oben
Das gut tausendjährige Deggendorf zeigt heute ein geschlossenes Stadtbild. Es geht wesentlich auf den Wiederaufbau nach der Zerstörung im Jahr 1743 zurück, als Österreich zum wiederholten Male erfolglos versucht hatte, sich Niederbayerns zu bemächtigen.

rechte Seite unten
Die Heilig-Grabkirche St. Peter und St. Paul liegt im Siedlungskern der Stadt und entstand auf den Fundamenten deutlich älterer Vorgängerbauten.

linke Seite
Hengersberg hat drei Kirchen, eine davon ist die Wallfahrtskirche Maria Himmelfahrt auf dem Frauenberg. Sie war 1812 für einen Spottpreis auf Abbruch versteigert worden. Mehrere Hengersberger boten jedoch für ihre Kirche und retteten sie auf diese Weise.

Die Donau ist zwar oft in ein vergleichsweise enges Korsett gezwängt, um das fruchtbare Schwemmland zu beiden Seiten nutzen zu können. Dennoch gibt es immer wieder Reste von Altwässern entlang des Flusses. Heute versucht man mit den Geldern der Allgemeinheit im Zuge der Hochwassersicherung, gegen den zähen Widerstand der Landwirtschaft wieder Land freizukaufen.

linke Seite
Hochwasser ist auch außerhalb der Schneeschmelze in den Alpen keine Seltenheit. Statt Blau ist dann Braun die vorherrschende Wasserfarbe – das Donauwasser trägt zu diesen Zeiten jede Menge Schwebstoffe. Diese waren es, die seit der Auffaltung der Alpen Jahr für Jahr das Schwemmland des Dungaus aufbauten und es später für die Landwirtschaft so attraktiv machten.

oben
Bei Hilgartsberg wird das Donautal enger; die Donau verlässt hier den weiten Gäuboden und wird von den Ausläufern des Bayerwaldes eingeschnürt – der ideale Standort für eine Burganlage. Erst 1742 machten österreichische Truppen der Burg Hilgartsberg ein Ende. Heute dient die Ruine als Rahmen für die alljährlichen Burgfestspiele und eine Burgweihnacht.

unten
Bei Deggendorf hat es im Laufe der Geschichte immer wieder Brücken über die Donau gegeben, allerdings noch nie in den Dimensionen der heutigen Autobahnbrücke (661,5 m lang, 12 m hoch).

linke Seite
Das gut 1250-jährige Kloster Niederaltaich war und ist ein bedeutendes Zentrum der Region: Von hier aus wurden deutlich über hundert Siedlungen im Bayerischen Wald gegründet, Dutzende von Äbten und Bischöfen gingen aus dem Kloster hervor.

oben
Burg Winzer fand 1744 nach acht Jahrhunderten durch ungarische Husaren unter der Führung von Franz Freiherr von der Trenck in österreichischen Diensten ihr Ende. Fortan nutzte man die Ruinen für viele Jahrzehnte als willkommenen Steinbruch.

unten
Die heutigen Reste der Flussauen stellen dringend benötigte Rückzugsbiete der Natur innerhalb einer überstrapazierten Landwirtschaft dar.

linke Seite
Plattling am Isarübergang hat wohl römische Wurzeln. Seine große Zeit begann jedoch mit der Eisenbahnära, die den Ort vorübergehend zum bedeutendsten Knotenpunkt Niederbayerns machte.

Die Isarmündung gewährt vor allem aus der Luft einen Einblick in jene Tage, in denen der Mensch noch nicht in den Lauf der Flüsse eingriff: Das Mündungsgebiet steht heute unter Naturschutz.

Das Passauer Land

Die Dreiflüssestadt vermittelt den Eindruck einer schwimmenden Insel. Aus der Luft erscheint die Altstadt zwischen Inn und Donau wie ein spitzer Bug, der den Strom durchschneidet. Die drei Flüsse könnten unterschiedlicher nicht sein: Die blaue Donau dominiert die Mitte, der helle Inn ist der breiteste und die moorig dunkle Ilz der schmalste Fluss. Der Stephansdom gleicht den Aufbauten eines Schiffs; der kolossale Bau beinhaltet den größten barocken Kircheninnenraum nördlich der Alpen. Gleichzeitig ist er Bischofssitz und Hauptkirche des Bistums Passau. Er geht auf die christliche Gemeinde des hl. Severin zurück. Das barocke Aussehen erhielt er nach dem verheerenden Stadtbrand im Jahr 1662. Die Kuppeln, so genannte Böhmische Kappen, geben dem Bauwerk ein unverkennbares Aussehen, das Baumeistern und Stuckateuren aus Italien zu verdanken ist. Der kraftvoll plastische Stuck wurde später zum Markenzeichen, rund hundert Figuren tragen zum vollendeten Inneneindruck bei.

Der Handel mit Salz war ein wichtiges wirtschaftliches Standbein Passaus. In Mautbüchern ist die unvorstellbare Summe von jährlichen 400 000 Gulden Umsatz vermerkt; dies war doppelt so viel wie beispielsweise mittelrheinische Handelsstädte zustande brachten. Dennoch schaffte es Passau nicht, selbst freie Reichsstadt zu werden, obwohl es schließlich sogar das „alleinige Salzniederlagsrecht“ innehatte: Niemand konnte Salz an Passau vorbei schleusen, ohne es dort anzulanden. Salzach, Inn und Donau waren die Transportwege und die Achsen des ausgedehnten Salzstraßensystems mit Zillen und Schiffszügen.

Das Fürstbistum Passau war dem Bankrott nahe, als im Jahre 1803 die Eigenstaatlichkeit aufgelöst und der Bischofsstaat dem bayerischen Flächenstaat eingegliedert wurden. Nach französischem Muster bildete man nach Flussnamen benannte Verwaltungskreise. Passau wurde dabei dem Unterdonaukreis zugeschlagen. Die Säkularisation wird allgemein als eine „Kulturrevolution“ mit allen negativen Folgen empfunden. Dabei ist weniger die wirtschaftliche Enteignung des Kirchenbesitzes im Gefolge des Reichsdeputationshauptschlusses gemeint als vielmehr die blinde Zerstörung höchsten Kulturgutes. Wer kennt nicht die Geschichten, in denen Aufhebungskommissare „den Schubkarren voll Klosterbücher ohne Rücksicht auf den Inhalt für einige Kreuzer als Einheizpapier“ verkauften?

Die Veste Oberhaus war Burg und Residenz des Fürstbischofs, Ritterburg und Fürstenschloss zugleich. Sie überstand fünf Belagerungen, zwei davon durch die Bürger von Passau (1298 und 1367); sie hatten versucht, sich gegen den Bischof zu erheben, um Freie Reichsstadt zu werden. Die Anlage thront 105 m über dem Tal auf dem St. Georgsberg, der zwischen Donau und Ilz steil emporragt. Über viele Jahrhunderte war an ihr gebaut worden, aus einer gotischen Zwingburg wurde ein Renaissance-Fürstensitz und schließlich in Zeiten der Türkenbedrohung eine repräsentative Landesfestung. Nach dem Wiener Kongress nutzte die bayerische Armee sie als Gefängnis. Heute ist die Veste im Besitz der Stadt, die dort das Oberhaus-Museum eingerichtet hat.

Passau wurde unter Bonifatius im Jahre 739 zum Bistum und zum Zentrum der Ostmissionierung der donauabwärts gelegenen Länder. 250 Jahre später löste Kaiser Otto III. das Bistum politisch endgültig von Bayern; der Bischof bekam damals den gesamten Bezirk des Königguts und die Oberherrschaft über die Stadt übertragen. Passau hatte das Münz- und Marktrecht, den Zoll sowie die Niedere und Höhere Gerichtsbarkeit. Dadurch war auch die jahrhundertelange Gliederung der Stadt in einen bischöflichen, bürgerlichen und klösterlichen Teil vorgezeichnet. Im Jahre 1217 erhielt das Bistum auf dem Nürnberger Reichstag zudem den

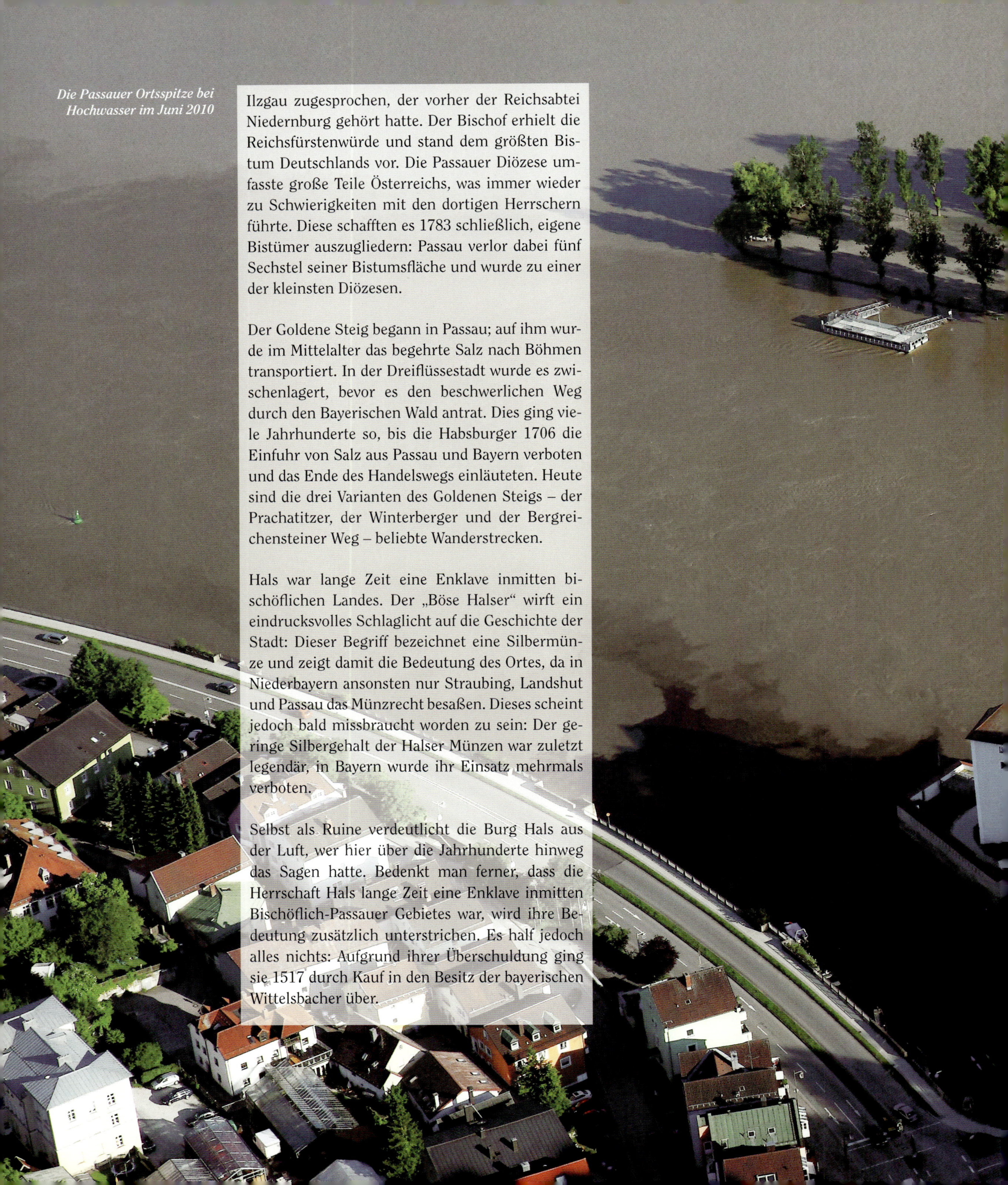

Die Passauer Ortsspitze bei Hochwasser im Juni 2010

Ilzgau zugesprochen, der vorher der Reichsabtei Niedernburg gehört hatte. Der Bischof erhielt die Reichsfürstenwürde und stand dem größten Bistum Deutschlands vor. Die Passauer Diözese umfasste große Teile Österreichs, was immer wieder zu Schwierigkeiten mit den dortigen Herrschern führte. Diese schafften es 1783 schließlich, eigene Bistümer auszugliedern: Passau verlor dabei fünf Sechstel seiner Bistumsfläche und wurde zu einer der kleinsten Diözesen.

Der Goldene Steig begann in Passau; auf ihm wurde im Mittelalter das begehrte Salz nach Böhmen transportiert. In der Dreiflüssestadt wurde es zwischenlagert, bevor es den beschwerlichen Weg durch den Bayerischen Wald antrat. Dies ging viele Jahrhunderte so, bis die Habsburger 1706 die Einfuhr von Salz aus Passau und Bayern verboten und das Ende des Handelswegs einläuteten. Heute sind die drei Varianten des Goldenen Steigs – der Prachatitzer, der Winterberger und der Bergreichensteiner Weg – beliebte Wanderstrecken.

Hals war lange Zeit eine Enklave inmitten bischöflichen Landes. Der „Böse Halser" wirft ein eindrucksvolles Schlaglicht auf die Geschichte der Stadt: Dieser Begriff bezeichnet eine Silbermünze und zeigt damit die Bedeutung des Ortes, da in Niederbayern ansonsten nur Straubing, Landshut und Passau das Münzrecht besaßen. Dieses scheint jedoch bald missbraucht worden zu sein: Der geringe Silbergehalt der Halser Münzen war zuletzt legendär, in Bayern wurde ihr Einsatz mehrmals verboten.

Selbst als Ruine verdeutlicht die Burg Hals aus der Luft, wer hier über die Jahrhunderte hinweg das Sagen hatte. Bedenkt man ferner, dass die Herrschaft Hals lange Zeit eine Enklave inmitten Bischöflich-Passauer Gebietes war, wird ihre Bedeutung zusätzlich unterstrichen. Es half jedoch alles nichts: Aufgrund ihrer Überschuldung ging sie 1517 durch Kauf in den Besitz der bayerischen Wittelsbacher über.

Die Dreiflüssestadt Passau war seit der Jungsteinzeit ein begehrter Siedlungsort. Das keltische Oppidum Boiodurum ist ebenso belegt wie das römische Castra Batavia als Teil der Limesbefestigung. Die Stadt lag sozusagen an den „frühgeschichtlichen Autobahnen" – der oft blauen Donau, dem meist milchigen Inn und der schwarzen Ilz. Von hier aus konnte man weiter und bequemer reisen als die damals verfügbaren Mittel es über Land zuließen. Daher setzten sich nach dem Abzug der Römer (476) sofort die Bajuwaren fest; ab 739 war man Bischofssitz. Diese strategisch günstige Lage war es auch, die Passau zu sechs Jahrhunderten Unabhängigkeit als Fürstbistum verhalf.

linke Seite
Hals mit der gleichnamigen Burgruine ist heute ein Ortsteil von Passau. Die kleine Siedlung an der schmalen Schleife der Ilz war bereits im Mittelalter im Schutz der Burg entstanden. Sie hatte Stadt- und Münzrecht. In Niederbayern hatten im Mittelalter sonst nur Straubing, Landshut und Passau dieses Privileg.

oben
Der Markt Obernzell liegt bereits an dem Donauabschnitt, dessen südliches Ufer in Österreich liegt. Früher hieß der Ort „Hafnerzell", da das Hafnerhandwerk (Verarbeitung von Ton und Graphit) hier weit verbreitet war.

unten
Die obere Halser Schleife steht unter Naturschutz. In dem eng bewaldeten Tal hat man der Natur ein Rückzugsgebiet gelassen.

linke Seite
Schloss Söldenau ist eine imposante vierflüglige Anlage mit einer weit zurückreichenden Geschichte. 45 Zimmer und rund 2000 m² Grundfläche nennt sie ihr Eigen.

Neuburg am Inn war lange Zeit ein österreichischer Stachel im Passauer Fleisch. Der heutige Baubestand stammt zum großen Teil aus dem Wiederaufbau durch die siegreichen Österreicher im bayerisch-österreichischen Konflikt von 1309/10, die hier die Landeshoheit über die Grafschaft ausübten, bis das Hochstift Passau diese 1730/39 erwerben konnte. Das Burgschloss thront hoch über dem Inntal an der heutigen Grenze zu Österreich. Es gliedert sich in Vorburg und Hauptburg und vermittelt einen guten Eindruck vom ursprünglichen Verteidigungsdenken. Heute kann die Universität Passau das Burgschloss als internationales Begegnungszentrum nutzen.

linke Seite
Der Inn ist seit 1777 über weite Strecken eine natürliche Grenze Bayerns. Damals hatte Österreich einen Herrscherwechsel in München genutzt, um sich das Innviertel anzueignen.

Die Abtei Schweiklberg sieht ihre Hauptaufgabe in der Ausbildung von Missionsbenediktinern sowie in der finanziellen Unterstützung des Missionswerkes. Nach der Gründung im Jahr 1884 wurde um 1910 die Abteikirche im Jugendstil erbaut. Der Chorraum ist mit afrikanischen Schnitzereien versehen und an beiden Türmen zeigen Zifferblätter unter anderem den Stand des Mondes oder der Sonne. Der „Schweiklberger Geist" ist als Heilkräuter-Destillat weit über die Grenzen der Abtei hinaus bekannt.

Die ehemalige Zisterzienserabtei Aldersbach ereilte nach vielen Jahrhunderten glänzender Geschichte das Schicksal aller bayerischen Klöster: Es wurde enteignet, seine Immobilien verschleudert. Die 40 000 Bände umfassende Bibliothek wurde zum Teil zu Kilopreisen abgegeben. Die Asamkirche sollte abgerissen werden, wurde aber nach heftigen Protesten wenigstens zur Pfarrkirche. In jüngster Vergangenheit restaurierte man die Gebäude, unter anderem mit Mitteln der Deutschen Stiftung Umwelt.

rechte Seite
Die Klosterkirche von Fürstenzell wird wegen ihrer Größe und ihrer breiten Doppelturmfassade gerne als der „Dom des Rottals" bezeichnet. Am barocken Klostergebäude arbeiteten die berühmtesten Künstler ihrer Zeit; der Fürstensaal (jetzt eine Kapelle) war das prunkvolle Zentrum des Konvents.

Schloss Ortenburg umschließt einen prunkvollen Arkaden-Innenhof. Trotz wiederholter Zerstörung präsentiert sich der Bau heute in einem guten Zustand. Die Grafen hatten sich über Jahrhunderte in einem unabhängigen protestantischen Territorium inmitten niederbayerischen Gebiets behauptet. Erst 1806 wurde ihre Herrschaft mediatisiert. Die Grafen selbst wurden mit dem aus Säkularisationsmitteln stammenden oberfränkischen Klosteramt Tambach entschädigt.

rechte Seite
Das Kraftwerk Jochenstein ist seit Mitte der 1950er-Jahre ein bayerisch-österreichisches Laufwasserkraftwerk; es leitet seinen Namen von einem nahen Felsen ab. Der gewonnene Strom wird je zur Hälfte an Bayern und Österreich geliefert. Pro Jahr werden in fünf Turbinen im Durchschnitt 850 Mio. Kilowattstunden produziert. Eine Schleuse sichert die Schifffahrt.

Vils und Rott, Grosse und Kleine Laber

Vilshofen an der Mündung der Vils in die Donau verbinden viele mit dem Politischen Aschermittwoch. Seit der Bayerische Bauernbund diese Tradition 1919 schuf, die 1948 die Bayernpartei und 1953 schließlich die CSU fortsetzten, steht der Ort für deftige, provokante Auftritte gegen politische Gegner. Unter Franz Josef Strauß (1916–1988) wurde der Wolferstetterkeller in Vilshofen schließlich zu klein, so dass man 1975 in die Passauer Nibelungenhalle umzog. Seither nutzt die bayerische SPD am Aschermittwoch den Keller.

Angesichts der langen Geschichte Vilshofens relativieren sich die heutigen tagespolitischen Auseinandersetzungen, datiert doch die erste urkundliche Erwähnung bereits auf 776 (damals wurde dem Kloster Mondsee ein Bauernhof in *Vilusa* geschenkt). Ein zweiter für Vilshofen wichtiger Meilenstein ist das Jahr 1842: Damals zapfte Josef Groll (1813–1887) erstmals ein Pilsner und gilt seither als „Vater des Pilses". Der Sohn eines Vilshofener Brauereibesitzers war nach Pilsen berufen worden: Man hatte dort nämlich massive Probleme mit dem so genannten Oberhefenbier, dessen Qualität und Haltbarkeit nicht im gewünschten Standard gelingen wollte. Bayerisches Bier hatte (schon) damals einen guten Ruf, so dass man in Pilsen nach einem bayerischen Braumeister Ausschau hielt. Groll schuf zunächst mit viel Eis und tiefen Kellern die Voraussetzungen für die Produktion untergärigen Bieres (Temperaturen von 4 bis 9° C). Des Weiteren tauschte er dunkles gegen helles Malz aus, setzte dem Bier reichlich Aromahopfen („Saazer") zu und erhielt ein völlig neues Bier „nach bayerischer Brauart", später „Pilsner" getauft. Es wurde am Martinstag 1842 erstmals ausgeschenkt. Groll musste nach diesem Erfolg nach Vilshofen zurückkehren, da die Pilsener seine Künste nun nicht mehr benötigten. Das Pilsner machte jedoch Weltkarriere.

Haindling ist heute ein Ortsteil von Geiselhöring mit etwa 100 Einwohnern. Es gilt als einer der ältesten Wallfahrtsorte Bayerns, die Türme der Marienkirche und der Kreuzkirche sind nicht zu übersehen. Bekannt ist der Ort auch dank Hans-Jürgen Buchner (*1944), der seiner Band den Namen seines Heimatdorfs verlieh. Sie hat es sich zur Aufgabe gemacht, die aussterbende bayerische Mundart am Leben zu erhalten. Das überregional bekannte Lied „Lang scho nimmer g'sehn" (1984) schlägt am überzeugendsten in diese Kerbe.

Das Bäderdreieck im Rottal ist überregional bekannt. Begonnen hat alles 1938, als man Bohrungen nach Erdöl und Erdgas niederbrachte und in rund 1000 m Tiefe „lediglich" 56° C heißes Wasser fand. Die Reichsbäderkommission untersagte jedoch eine Nutzung, um den damals populären böhmischen Kurorten Karlsbad, Marienbad und Franzensbad keine Konkurrenz zu schaffen. Nach dem Krieg waren diese Bäder durch Vertreibung enteignet – einer Nutzung des Rottaler Thermalwassers stand nichts mehr im Wege. In den 50er-Jahren entstanden die ersten Kuranlagen. Die Gäste kamen reichlich, neue Anlagen wurden gebaut, weitere Quellen erbohrt; dennoch ergänzt erst seit 1969 das „Bad" den Ortsnamen: Bad Birnbach, Bad Füssing und Bad Griesbach bilden seither das Niederbayerische Bäderdreieck.

Im Rottal wurde mit Georg Sebastian Plinganser (1680–1738) der Anführer des gescheiterten Volksaufstands 1705 gegen die Österreicher geboren. Ähnlich wie die oberbayerische Sendlinger Mordweihnacht wurde auch die niederbayerische Schlacht von Aidenbach verloren: Auf bayerischer Seite starben rund 4000 Bauern – viele davon hatten die Waffen bereits niedergelegt –, während die österreichischen Profitruppen kaum Verluste erlitten. Die Österreicher hatten Bayern besetzt, hohe

Steuern eingetrieben, Nahrungsmittel requiriert und Zwangsrekrutierungen für die eigene Armee angeordnet. Schließlich wehrte man sich und wollte „liaba bairisch steam (sterben), als kaiserlich verdeam (verderben)."

Das Tal der Großen und Kleinen Laber ist eine alte Kulturlandschaft, hat sich aber wertvolle Auen-Landschaften erhalten. Viele Orte zeugen von einer langen Siedlungsgeschichte, schließlich hatte das Land schon zur Römerzeit einen begehrten landwirtschaftlichen Status. Römische Fundamente sind daher keine Seltenheit. Für den Bau der Mallersdorfer Burg beispielsweise wurden römische Kastellmauern genutzt; sie gehörte einer Äbtissin des Regensburger Niedermünsters, Mathilde aus dem oberpfälzischen Lupburg. Das ehemalige Benediktinerkloster im Ort hatte im 17. und 18. Jahrhundert einen guten Ruf wegen seiner Bibliothek und seiner Lateinschule; Aventinus sprach gar von einem Sitz der Weisheit *(sedes sapientiae)*. Erst die Säkularisation setzte dem ein abruptes Ende, das jedoch nicht endgültig war: 1869 wurde es neu belebt, als der Franziskanerinnen-Orden hier sein Mutterhaus einrichtete. Bis heute besteht die volkstümliche Bezeichnung „Mallersdorfer Schwestern" für den Orden.

Das Labertalprojekt steht für die nachhaltige Entwicklung einer Talaue in einer Kulturlandschaft. Inhaltliches Ziel ist die Zusammenführung aller Nutzungs- und Schutzinteressen zu einem tragfähigen Planungskonzept, das wasserwirtschaftliche, naturschutzfachliche und landwirtschaftliche Zielvorstellungen für eine Kulturlandschaft integriert. Eine eigene Planungsgruppe sicherte eine umsetzungsorientierte Strategie, und auch künstlerisch wurde das Projekt mitgestaltet: Die Schriftzüge „natürlich" und „künstlich" auf einer Überschwemmungsfläche der Laber sollen die Rolle des Menschen innerhalb der Natur verdeutlichen; sie wurden mit Weidensetzlingen markiert, die schließlich zu großen Landmarken auswachsen werden.

Der Vilstalsee, im Gemeindebereich von Marklhofen gelegen, hat bei Vollstau eine Wasseroberfläche von 359 ha.

oben
Vilshofen ist eine alte niederbayerische Stadt an der Mündung der Vils in die Donau. Sie bildete lange Zeit die Grenze zum Fürstbistum Passau. In der jüngeren Vergangenheit besitzt Vilshofen wegen des politischen Aschermittwochs im Wolferstetter Keller (bis 1974: CSU, seitdem SPD) eine überregionale Bekanntheit.

unten
Das zinnenbewehrte Schloss Wildthurn auf einem Felsrücken zwischen Isar- und Vilstal stammt aus der Romanik. Der Bergfried geht auf das 13. Jahrhundert zurück, die Schlosskapelle wurde bereits 1398 geweiht. Das Schloss hatte einst einen ungebetenen hohen Gast: Nach der Schlacht von Eggmühl im April 1809 hatte sich hier Napoleon Bonaparte mit seinem Generalsstab für ein paar Wochen einquartiert.

oben
Pfarrkirchen im Rottal kam bereits früh in den Besitz der Wittelsbacher. Die Kreisstadt des niederbayerischen Landkreises Rottal-Inn leitet ihren Namen von seiner Kirche ab (pharrachiricha).

unten
Schloss Thurnstein in Postmünster ist eine dreigeschossige, nach Süden offene Dreiflügelanlage. Sie liegt auf einer Hügelkette, die zum Rottal hin abfällt. Die zugehörige Kapelle gilt als künstlerisches Meisterwerk des frühen Rokoko. Die klassizistischen polygonalen Ecktürme mit den elegant geschweiften Hauben stammen aus dem 19. Jahrhundert.

linke Seite
Die Stadt Eggenfelden am Oberlauf der Rott mit der gotischen Pfarrkirche St. Nikolaus und St. Stephanus liegt inmitten eines leicht welligen Hügellands. Der Ort taucht als „etinvelt“ bereits in mittelalterlichen Urkunden auf; beispielsweise erhielt er 1350 Förderungen vom Landesherrn, um die Marktbefestigung großzügig ausbauen zu können.

Dorfkapellen wie diese sind in Niederbayern gang und gäbe. Eine solch dominante Stellung wie im kleinen Ort Gambach nördlich des Rottals ist aber dennoch nicht häufig.

linke Seite
In Bad Füssing wurden 1938 bei der Suche nach Öl Thermalquellen gefunden. Nach dem Krieg ging man daher zielstrebig daran, einen Kurbetrieb mit dem erbohrten 56°C heißen Wasser aufzubauen. Innerhalb weniger Jahrzehnte entwickelte sich der Ort mit etwa drei Mio. Übernachtungen pro Jahr zum bedeutenden Kurzentrum.

Schloss Schönau ist als Wasserschloss angelegt. Es steht auf mittelalterlichen Mauern, das heutige Erscheinungsbild geht jedoch auf einen kompletten Umbau um 1900 zurück. Der repräsentative Herrensitz verfügt zudem über einen siebengeschossigen Bergfried, der heute ein Schopfwalmdach trägt.

Die Rott ist ein wichtiger niederbayerischer Fluss mit gut 100 km Länge. Ihr Name lässt sich bis in das Jahr 773 zurückverfolgen („flumen qui dictur Rota"). „Rotaha" könnte „roter Bach" bedeutet haben.

Der Markt Rotthalmünster geht auf ein frühmittelalterliches adeliges Eigenkloster (Monasterium) zurück, das nach 900 den verheerenden Ungarnstürmen zum Opfer fiel. Erst im 18. Jahrhundert hatte sich schließlich der Ortsname Rotthalmünster eingebürgert.

linke Seite oben
Simbach am Inn ist die niederbayerische Zwillingsstadt zum österreichischen Braunau am Inn. Es wurde jedoch erst 1951 zur Stadt. Das Zentrum Simbachs ist überwiegend im Jugendstil gehalten; das Rathaus aus dem Jahr 1910 ist das markanteste Beispiel dafür.

linke Seite unten
Der Inn ist zwar ein oft gestauter Fluss, er weist dennoch viele naturnahe Bereiche auf. Mit dem Bau der Staustufen wurde allerdings die durchgehende Schifffahrt Geschichte.

Das Rott- und das Inntal können stattliche Bauernhöfe aufweisen, die oft als Einzelhöfe inmitten der bewirtschafteten Flur von der früher geläufigen Assoziation des bäuerlichen Wohlstands künden.

linke Seite
Das Vilstal ist landwirtschaftlich begehrt und stark genutzt. Der winzige Ufersaum unterstreicht dies zusätzlich.

oben
Reisbach wird von der Pfarrkirche St. Michael mit dem mächtigen romanischen Turm beherrscht. Auf seine lange Geschichte lässt eine Urkunde aus dem Jahr 760 schließen, in der der Ort dem Kloster Wessobrunn im oberbayerischen Pfaffenwinkel geschenkt wurde.

unten
Schloss Adldorf ist durch einen Bogengang mit der Kirche verbunden, die gerne zu den schönsten Kirchen des Vilstals gezählt wird. Die Anlage wurde mehrmals Raub von Flammen, entstand jedoch jedes Mal wieder neu.

Vilsbiburg liegt am Oberlauf der Vils. Sehenswert ist unter anderem die spätgotische Stadtpfarrkirche St. Maria Himmelfahrt mit 75 m hohem Westturm. Bis 1972 gab es einen eigenen Landkreis Vilsbiburg, der danach fast vollständig dem Landkreis Landshut zugeordnet wurde.

rechte Seite
Schloss Aham in der Nähe von Vilsbiburg war eine ehemalige Hofmark, die sich 1833 Graf Maximilian Montgelas (1759–1838) gekauft hatte; er ist in der Gruft beigesetzt. Montgelas gilt als Schöpfer des modernen bayerischen Staates, bevor er durch Neider aus dem Amt gedrängt wurde. Das Maximilian-von-Montgelas-Gymnasium in Vilsbiburg ist heute nach ihm benannt.

Die Große Laber ist ein 75 km langer Nebenfluss der Donau, der von der Quelle bis zur Mündung bei Straubing ein Gefälle von 170 m überwindet.

Rottenburg an der Großen Laber lag an der Straße der beiden Wittelsbacher Residenzen Landshut und Kelheim. 1378 bekam die „Siedlung unterhalb unserer Veste" die Marktrechte verliehen. 500 Jahre später folgte das königliche Hopfensiegel, um den heimischen Hopfen gegen Fälschungen zu schützen.

rechte Seite
Die barocke Wallfahrtskirche in Heiligenbrunn stammt aus dem 18. Jahrhundert. Noch heute finden zweimal im Jahr Sternwallfahrten statt, die auf das Jahr 1662 zurückgehen, als ein Bauer nach elf Wochen Siechtum geheilt wurde, indem er vom Quellwasser neben einem Bildstock getrunken hatte. Man hatte ihn schon aufgegeben, nachdem sich sein Zustand nach einem Fall von der Leiter partout nicht bessern wollte.

linke Seite
Das Kloster Mallersdorf war ein säkularisiertes Benediktinerkloster, bevor es zum Mutterhaus der Armen Franziskanerinnen wurde; bald darauf nannten sie sich „Mallersdorfer Schwestern“. Der Orden war 1855 in Pirmasens gegründet worden, jedoch schnell zu einer weit vernetzten Gemeinschaft angewachsen.

Niederlindhart liegt im Tal der Kleinen Laber. Zusammen mit Oberlindhart hatte das Kirchdorf Beziehungen zum Stift Niedermünster in Regensburg und zur Abtei Mallersdorf. Bereits 1224 ist es urkundlich als eigene Pfarrei genannt.

Haindling ist heute ein Ortsteil von Geiselhöring mit 100 Einwohnern. Im Mittelalter bestand hier einer der ältesten Wallfahrtsorte Bayerns, der bis zur Säkularisation (1802) vom Regensburger Kloster St. Emmeram verwaltet wurde.

rechte Seite oben
Heute baut man Straßen gerne über Täler; doch oft wählt man auch die Brückenbauweise – wie hier über die Große Laber–, um für Hochwassersituationen gewappnet zu sein.

rechte Seite unten
Geiselhöring, an der Kleinen Laber gelegen, kann auf gut sieben Jahrhunderte Marktrecht zurückblicken. Mit dem Anschluss an die Königlich Bayerische Ostbahn im Jahr 1860 wurde man für kurze Zeit zum zentralen Knotenpunkt im Eisenbahnnetz.

Die Hallertau

Mainburg liegt in der Hallertau, dem größten zusammenhängenden Hopfengebiet der Welt.

Hopfen und Malz, Gott erhalt's" – dieser Reim gilt vor allem für die Hallertau, Bayerns wichtigstes Hopfengebiet. Den Landstrich teilen sich heute Niederbayern und Oberbayern. Naturräumlich und erdgeschichtlich gehört die Region zum Donau-Isar- bzw. Tertiären Hügelland. Der Namensursprung könnte auf das althochdeutsche „Hardt" (Wald) und „hall" (verbergen, hehlen) zurückgehen: „Hal hart" könnte also ein Urwald gewesen sein, dem der Flurname „Au" angehängt wurde. Hopfen wurde hier ab dem 8. Jahrhundert angebaut, seit rund 100 Jahren ist man das größte Anbaugebiet in Deutschland. Die Felder mit ihren Stangen und Drähten sind seither das auffälligste Kennzeichen des flachwelligen Hügellandes. Viele Stadtwappen der Region sind zusätzlich mit Hopfen verziert. Mainburg ist der geografische Mittelpunkt der Hallertau und hat dabei seit alters eine gewisse „Hauptstadtfunktion" für das Hopfenland.

In Abensberg steht seit Kurzem auf einem Brauereigelände der Hundertwasserturm. Nach elfjähriger Planungs- und Bauzeit wurde das Fantasiegebäude niederbayerische Wirklichkeit. Einst mit einer Höhe von 70 m geplant, wurde diese nach heftigen Auseinandersetzungen mit Denkmalschützern immerhin halbiert. Zwar ist der Künstler Friedensreich Hundertwasser während einer Kreuzfahrt im Jahr 2000 verstorben; sein Turm – ein begehbares Gesamtkunstwerk – entstand dennoch: große und kleine Erker, goldene Dächer, Bäume und Sträucher in luftiger Höhe, eine vergoldete Kuppel obenauf; sozusagen eine Synthese aus Baukunst und Natur. Im unteren Teil gibt es eine ausgedehnte Weißbierglassammlung, die den Bogen zum Brauereibesitzer spannt, der den Turmbau gegen alle Widerstände durchgesetzt hatte und heute froh ist, dass der Turm nur 35 m hoch gebaut werden durfte. Die ganzen 70 m wären wohl gar nicht zu finanzieren gewesen. Kunstfachwelt und Architekturelite hatten Hundertwassers Werk nie ins Herz geschlossen, man sprach meist von „Kitschburgen"; die Magnetwirkung seiner Schöpfungen ist dennoch ungebrochen.

Einer der berühmtesten Niederbayern ist wohl Johann Georg Turmair (1477–1534), genannt Aventinus, dessen Büste in der Walhalla steht. Der lateinische Name weist ihn als Abensberger aus. Er hatte in Ingolstadt, Wien, Krakau und Paris studiert und wurde zum Wegbereiter der klassischen Philologie in Deutschland. Sein Hauptwerk sind die *„Annales ducum Boiariae"*, in denen er die bayerische Geschichte bis zum Jahre 1460 beschreibt. Die volkstümlich gehaltene deutsche Fassung gilt als klassisches Werk bayerischer Geschichte. Der Ansatz zur Schaffung einer solchen Chronik unter europäischer Perspektive war innovativ und seither immer wieder Vorbild für neuzeitliche Landeshistoriker. Des Weiteren gab er die erste brauchbare Landkarte von Bayern heraus, in die er die Erkenntnisse seiner zahlreichen Reisen einfließen ließ. Heute nimmt sich die Stiftung Aventinum seines geistigen Erbes an.

Das Kloster Rohr war für knapp sieben Jahrhunderte im Besitz der Augustiner-Chorherren. Trotz des Alters der Anlage ist die Kirche ein barockes Juwel: Der mittelalterliche Vorgängerbau wurde abgetragen und in nur zwei Jahren wieder aufgemauert. 1722 erfolgte die erneute Einweihung. Dabei war es gelungen, Egid Qurin Asam als Künstler gewinnen zu können. Die Klosterkirche wurde das umfangreichste Werk des Künstlers und beherbergt seinen dramatischsten Bühnenaltar. Zwei Engel tragen Maria empor – eine Himmelfahrtsszene, die derart lebendig gestaltet ist, dass sie fast real zu sein scheint: Der Zuschauer wird zum Augenzeugen. Angesichts der barocken Vielfalt könnte man fast glauben, man hätte sich damals tatsächlich gestritten, wie viele Engel denn nun auf einer Nadelspitze Platz nehmen könnten.

oben
Weite Flächen der Hallertau sind von moderner Landwirtschaft geprägt – wobei für unberührte Natur immer weniger Platz bleibt.

unten
Das Abenstal weist viele Grünflächen auf. Schafe sind dort kein seltener Anblick.

rechte Seite
Die kleine Wallfahrtskirche St. Anton bei Elsendorf im Tal der Abens gehört zur Hallertau wie der Hopfen, der rund um die Kirche wächst.

Die Wallfahrtskirche Mariä Himmelfahrt Allersdorf steht außerhalb von Abensberg auf dem Frauenberg. Die allein stehende Kirche weist eine reichhaltige barocke Innenausstattung auf, das eigentliche Gnadenbild – eine Muttergottes mit dem Jesuskind – ist jedoch deutlich älter. Heute hat die Wallfahrt eine nicht mehr allzu große Bedeutung, doch die Kirche ist für Hochzeiten sehr beliebt.

rechte Seite
Die Klosterkirche Biburg zählt zu den bedeutendsten romanischen Baudenkmälern Altbayerns. Zwischendurch hatte man zwar ein gotisches Netzrippengewölbe eingezogen, doch wurde 1885 die Kirche wieder re-romanisiert.

linke Seite oben
Offenstetten war einer der zahlreichen alten Edelsitze aus dem Mittelalter. Solche Schlossherrschaften waren meist Hofmarken; die Untertanen dieser Güter wurden im Vergehensfall nicht vor ein Gericht des fernen Landesherrn gestellt, sondern waren der eigenen Gerichtsbarkeit unterstellt.

linke Seite unten
Gögging bekam den Namenszusatz „Bad“, nachdem 1976 bei Bohrungen in 650 m Tiefe eine Natrium-Hydrogencarbonat-Chlorid-Quelle zum Vorschein kam. Bald darauf hatte man in Anknüpfung an die römische Tradition die „Limes-Therme“ geschaffen. Heute ist eine reichhaltige Thermal-Badelandschaft entstanden.

Kloster Rohr ist ein ehemaliges Augustiner-Chorherrenstift und seit 1946 eine Benediktinerabtei. Die ersten Bewohner nach dem Krieg waren heimatvertriebene Mönche aus dem böhmischen Kloster Braunau.

Der Hundertwasserturm ist die neue Attraktion in Abensberg. Das 35 m hohe Märchengebilde aus „1001 Nacht" wurde nach rund 11-jähriger Planungs- und Bauzeit (und zehn Jahre nach dem Tod des Künstlers) im Frühjahr 2010 eingeweiht. Seither ist er auf gutem Weg, eine weitere große Touristenattraktion Niederbayerns und natürlich ein wichtiges Marketinginstrument des Besitzers des Turms, einer ortsansässigen Brauerei, zu werden. Ursprünglich war er sogar doppelt so hoch geplant.

rechte Seite
Der Grundriss von Schloss Wildenberg war durch ein fast kreisrundes natürliches Plateau vorgegeben und wurde daher seit dem Mittelalter kaum verändert. Früher gab es noch einen runden Bergfried im Innenhof. Die Herren von Wildenstein waren immer treue Anhänger des Landshuter Herzogs, weshalb der Münchner Herzog im Landshuter Erbfolgekrieg 1504 die Burg stürmen und zerstören ließ.

Altmühltal und Kelheim

Kelheim war eine Generation lang die Hauptstadt Bayerns. Hier wurde Herzog Ludwig 1173 geboren, sieben Jahre bevor sein Vater, Otto I., von Kaiser Friedrich Barbarossa überraschend mit dem Herzogtum Bayern belehnt wurde. Bereits mit zehn Jahren musste er diesem als Herzog nachfolgen. Er wurde zum eigentlichen Gründungsvater der herzoglichen Wittelsbacher und leitete den Aufstieg zum bedeutenden Fürstengeschlecht im Reich ein. Ihm wurden die Erblichkeit des Herzogtums Bayern bestätigt und die Pfalzgrafschaft bei Rhein übertragen. Er schaffte es sogar, dass der Königsmord von 1208, begangen von einem seiner Verwandten, dem rivalisierenden Grafengeschlecht der Andechser angelastet wurde, woraufhin er deren Land konfiszieren konnte. Als sich seine Vorwürfe als falsch erwiesen, gab er den neuen Besitz dennoch nicht wieder heraus. Allerdings wurde ihm Kelheim zum Verhängnis: 1231 fiel er auf der Donaubrücke einem Attentat zum Opfer.

Der Michelberg im Mündungszwickel der Altmühl und der Donau war in keltischer Zeit ein begehrter Siedlungsplatz; die Fläche des 650 ha großen Oppidums entsprach dreimal der damaligen Ausdehnung Nürnbergs. Es gehörte damit zu den größten Europas. Selbst im fernen Ägypten berichtete der Geograph Ptolemäus (100–160 n. Chr.) in seiner *Geographiké hyphégesis* über „Alkimoennis". Die Handwerkerstadt hatte viele Schmelzöfen und prägte eigene Münzen. Auch Eisenerz wurde im großen Stil verhüttet. Teilweise lassen sich noch bis zu 3 m dicke Kohle- und Schlackeschichten finden. Starke Befestigungsanlagen aus einem hohen Erdwall und einer vorgelagerten Mauer gaben Schutz. Im Innenhof des Archäologischen Museums in Kelheim ist ein Teilstück der Befestigungsmauer rekonstruiert.

Die Befreiungshalle auf dem Michelberg erinnert an die Kämpfe gegen Napoleon (1813–1815). Auftraggeber des klassizistischen Rundtempels war König Ludwig I. Innerhalb des Baus verkündet ein Reigen marmorner Siegesgöttinnen die Botschaft der Befreiungskriege. Das Bauwerk steckt voller symbolträchtiger Symmetrie: Die Zahl 18 spiegelt sich – Bezug nehmend auf die an der Völkerschlacht beteiligten deutschen Volksstämme – in den 18 Ecken, Kandelabern, Pfeilern und Kriegsmasken wider.

Am anderen Ende der Donauenge befindet sich das Kloster Weltenburg, eines der ältesten in Bayern. Im Jahrhundert vor der Säkularisation wandelte es sich zu seiner heutigen Form: Die Gebrüder Asam schufen einen überwältigenden barocken Kirchenraum, unübertroffen in Farbigkeit und Lichtführung. Der hl. Georg im Hochaltar reitet aus dem Gegenlicht des Chores geradewegs auf die Kirchengemeinde zu, während er einen Drachen tötet, um die Königstochter zu retten. Der einzigartige Belichtungseffekt beruht auf dem verdeckten Fenster im Hintergrund und wird durch die vollständige Vergoldung der Figur verstärkt. In der Vorhalle bestimmen die Jahreszeiten die Symbole: Knospende Zweige stehen für den Frühling, Blumengebinde für den Sommer, Früchte für den Herbst und ein qualmender Ofen für den Winter. Damit soll gleichzeitig der „Erdenweg" des Menschen symbolisiert werden.

Das untere Altmühltal ist niederbayerisch. Heute durchläuft das Urdonautal, in dem die schmale Altmühl etwas verloren wirkte, der Main-Donau-Kanal, der den Dimensionen der Urdonau nahekommen könnte. Hier befindet sich Schloss Prunn, das wegen seiner Lage, der Sage um das Burgfräulein und des Nibelungenliedes, das 1569 im Nachlass der Burg gefunden wurde und heute in der Bayerischen Staatsbibliothek aufbewahrt wird, die wohl romantischste Burg Niederbayerns ist. Die Klausenhöhlen in den Ufersteilhängen weisen noch viel weiter in die Vergangenheit zurück: Hier siedelten bereits in der Altsteinzeit Menschen und hinterließen die ältesten Kunstwerke Bayerns.

Die Befreiungshalle, in Auftrag gegeben von König Ludwig I. von Bayern, thront auf dem Michelsberg hoch über Kelheim.

Die Weltenburger Enge mag angesichts der gewaltigen, steilen Felsenwände wie ein Donaudurchbruch erscheinen, allerdings gehen nur die untersten 15 bis 20 m des rund 180 m tiefen Cañons auf die Erosionsarbeit der Donau zurück: Geologen sprechen daher lieber von einer Enge, durch die sich „die Donau zwängen muss". Einfahrende Boote haben wegen des scharf gebogenen Donauknies für kurze Zeit den Eindruck, in eine Felsenschlucht ohne Ausweg hineinzutreiben.

Die Stadt Kelheim am Zusammenfluss von Altmühl und Donau war bereits lange vor Ingolstadt, Straubing, Landshut oder gar München bayerische Landeshauptstadt. Auch der keltische Name der Stadt („Kel" steht für Höhe) lässt eine lange Geschichte erahnen. Es war vor allem die Stadt Ludwigs des Kelheimers, der bedeutende Grundlagen des Herzogtums Bayern legte. Während seiner Regierungszeit erhielt Bayern das weiß-blaue Rautenmuster, bevor er nach 47 Regierungsjahren schließlich auf der Donaubrücke einem Attentat zum Opfer fiel.

linke Seite
Zur Römerzeit sicherte Eining mit dem Kohortenkastell Abusina die Donauschifffahrt sowie den Ostabschnitt des Limes. Zusammen mit dem Obergermanisch-Rätischen Limes ist das Kastell heute Teil des UNESCO-Welterbes.

oben
Der dreigeschossige Wohnbau der Rosenburg in Riedenburg mit dem Satteldach und den Treppengiebeln stammt aus der Zeit um 1550.

unten
Schloss Prunn zählt zu den besterhaltenen Anlagen des Mittelalters und wird gerne als „Urbild einer mittelalterlichen Ritterburg“ bezeichnet. Der Bau mit seinem 30 m hohen Bergfried scheint mit dem Kalkfelsen verwachsen zu sein und war dadurch von der Talseite unangreifbar.

Der Main-Donau-Kanal durchzieht heute das niederbayerische Altmühltal und füllt es meist ganz aus. An manchen Stellen – wie hier in Untereggersberg – sind noch Reste des Ludwig-Donau-Kanals samt Schleusen erhalten. Hier wird der unterschiedliche Landverbrauch beider Kanäle deutlich sichtbar.

rechte Seite
Der Name des Orts Neustadt an der Donau täuscht – schließlich erhielt die Stadt bereits 1273 ihre Stadtrechte. Es war eine planmäßige Gründung der frühen Wittelsbacher Herzöge. Heute ist die Stadt Mitglied der „Arbeitsgemeinschaft Neustadt in Europa“ (mit mehr als 35 gleichnamigen Städten aus Deutschland, Österreich, Ungarn, Tschechien, Polen und der Slowakei).

Der Bayerwald

Der Große Arber ist mit 1455 m der höchste Berg des Bayerischen Waldes und Niederbayerns.

„Bayerischer Wald“ bezog sich früher nur auf den Vorderen Wald zwischen Donau und Regen. Mit „Böhmerwald“ meinte man dagegen den Hinteren Wald, etwa zwischen Regen und böhmischer Grenze. Erst die mitteleuropäische Teilung im Zuge des Kalten Kriegs führte zu einer Umdeutung des Begriffs „Bayerischer Wald“ auf die gesamte Mittelgebirgsregion diesseits der politischen Grenze. Mit dem Fall des Eisernen Vorhangs und der Integration Tschechiens in Europa verschwand diese Bedeutung langsam wieder und man betrachtete das Mittelgebirge an der deutsch-tschechischen Grenze zunehmend als eine Einheit. „Bayerischer Wald – drei viertel Jahr Winter und ein viertel Jahr kalt“ ist ein gängiges Sprichwort in dieser Gegend, denn hier dauert der Winter „länger als im Kalender“. Das Frühjahr ist kurz, da sich auf den Hochlagen der Schnee bis in den Mai hinein hält. Manche behandeln ihn daher wie Heu: Sie wenden ihn, legen ihn in die Sonne, um den Tauvorgang zu beschleunigen („Schneï heign“). Zusätzlich zum kalten Böhmwind, der die kontinentale Weite des Ostens ahnen lässt, regnet es im Bayerischen Wald deutlich mehr als im Donautal. Auf Arber oder Rachel können bis zu 1800 mm Niederschlag gemessen werden – dreimal so viel wie im Donautal.

Der Nationalpark Bayerischer Wald ist das grüne Herz Mitteleuropas. Er liegt im Zentrum des Bayerischen Waldes um die Gipfel von Rachel und Lusen. Vom Ersteren aus erstrecken sich die Wälder hinab ins Tal auf eine Höhe von ca. 700 m. Vor seiner Erweiterung im Jahr 1997 beschränkte sich der Nationalpark auf das Einzugsgebiet der Quellflüsse der Ilz; danach wurden die des Schwarzen Regen einbezogen. Zwischen Rachel und Lusen trifft der Wanderer auf viele „Seelacka“, Tümpel mit abgestorbenen Baumstämmen und Strünken. Solche Lebensräume brauchen hohe Niederschlagsmengen und ein kühles Klima, das das Wasser nicht gleich wieder verdunsten lässt. Kommt ein undurchlässiger Untergrund dazu, können sich im Laufe von Jahrtausenden dicke uhrglasförmige Torfschichten aufbauen.

Bis ins Jahr 1911 lassen sich die ersten Bemühungen um ein Naturreservat zurückverfolgen, doch erst im Juni 1969 kam es zum einstimmigen Landtagsbeschluss, diesen Nationalpark – den ersten Deutschlands – zu verwirklichen. Seit 1981 gilt er als Biosphärenreservat der UNESCO, 1986 bekam er das Europadiplom der Kategorie A verliehen, eine renommierte internationale Auszeichnung, die an viele schwerwiegende Auflagen gebunden ist. Im Bayerischen Naturschutzgesetz ist festgeschrieben, dass Nationalparks vornehmlich der Erhaltung natürlicher und naturnaher Lebensgemeinschaften dienen.

Der Pfahl ist eine unübersehbare, einmalige Landmarke – nicht nur im Ilztal, sondern im gesamten Bayerischen Wald. Diese geologische Besonderheit ist vor rund einer viertel Milliarde Jahren entstanden und besteht aus einem meist unterirdisch verlaufenden, steil stehenden marmorweißen Quarzgang von rund 150 km Länge; er zählt zu den bedeutendsten tektonischen Phänomenen der Welt. Durch Erosion wurde an manchen Stellen eine regelrechte steinerne Mauer aus der Landschaft herauspräpariert, die über 30 m hoch sein kann und daher im Gelände von Grafenau bis hinauf nach Thierlstein am Rand der Chamer Senke sichtbar ist. Das bis zu 50 m breite Quarzband teilt den Vorderen und Hinteren Bayerischen Wald; es ist bereits bei der variskischen Gebirgsbildung entstanden und erhielt seinen Namen von den weißen Felsenmauern (lat. *pallidus* = blass, fahl). Inzwischen wurde der Abbau dieser einmaligen geologischen Rarität unterbunden. Im Laufe der Zeit rankten sich viele Legenden um seine Entstehung. Im Volksmund war er die „Teufelsmauer“, ein Hauptmann des 19. Jahrhunderts hatte ihn sogar zum „römi-

schen Befestigungswerk" erklärt. Seriöse Zeitgenossen führten seine Entstehung jedoch bald auf eine gewaltige geologische Druckbeanspruchung zurück. Im Klüftesystem, das beim Aufreißen der Gesteinsverbände zustande gekommen war, hatte auskristallisierende Kieselsäure schließlich den Pfahlquarz entstehen lassen. Der weniger bekannte Nebenpfahl bei Passau ist erheblich kürzer und teilweise unterbrochen, hat jedoch die dominante Haarnadelschleife bei Hals verursacht und so ein romantisches Flusstal geschaffen.

Der Bayerwald war im Spätmittelalter mit dem Böcklerkrieg (1468/69) und dem Löwlerkrieg (1491/92) Schauplatz zweier lokaler Auseinandersetzungen mit dem Landesherrn. Die einheimischen Ritter wehrten sich gegen Sondersteuern, verlangten die Einsetzung eines Prinzen als Regent in Straubing, die Anstellung ausschließlich einheimischer Beamter und die Eintreibung der Landsteuer von ihren Hintersassen in eigener Regie. Die Bund-Mitglieder trugen eine Kette mit dem Abbild eines Bockes – die Ritter unter den „Böcklern" in Gold, die Edelknechte in Silber. Ausgestattet mit schweren Kanonen nahmen die angeheuerten Söldner des Herzogs eine Burg nach der anderen: Falkenfels, Linden, Kollnburg, Weißenstein, Saldenburg, Neunußberg und Haidstein wurden erobert, auch Altnußberg ging in Flammen auf. Zahlreiche Dörfer wurden geplündert. Die Nachfolgerebellion des Löwlerbundes (man trug diesmal einen Löwen als Zeichen) scheiterte ebenfalls militärisch; doch zumindest politisch erreichte man die künftige Verpflichtung des Herzogs zur Anhörung vor der „Landschaft" (Gesamtheit der Landstände) bei Konflikten.

Maximilian Schmidt (1832–1919), genannt Waldschmidt, wurde in Eschlkam als Sohn eines Zollverwalters geboren. Er kam nach München und ging zum Militär. Dort wurde er 1867 wegen schwächlicher Gesundheit frühzeitig pensioniert; es folgten dennoch gut 50 Jahre Ruhestand, die er für seine schriftstellerischen Ambitionen nutzte. Zunächst schrieb er Geschichten aus dem oberbayerischen Raum, meist als Fortsetzungsromane in Zeitungen und Zeitschriften. Bald thematisierte er vorzugsweise den Böhmer- und Bayerwald. Das bayerische Königshaus zählte zu seiner begeisterten Leserschaft; König Ludwig II. ernannte ihn zum königlichen Hofrat;, Prinzregent Luitpold wollte ihn adeln – man einigte sich schließlich 1898 auf den Namenszusatz „genannt Waldschmidt". Seine Lebensbilanz als Schriftsteller kann sich sehen lassen: rund 60 größere „Volks-Erzählungen", 40 Humoresken, 40 dramatische Theaterstücke, bayernweit aufgeführt, zahlreiche Gelegenheitsgedichte sowie 32 Bücher. Nicht umsonst wurde er daher zum Ehrenbürger Lams, Eschlkams und Furths ernannt.

Waldkirchen entstand der Gründungslegende nach um eine „Kirche im Wald" herum. Zweifellos hat der Goldene Steig viel zur Existenz des Ortes beigetragen, dessen wohl bekannteste Tochter die Schriftstellerin Emerenz Meier (1874–1928) ist. Bereits mit 19 hatte sie mit dem „Juhschroa" ein eindrucksvolles literarisches Denkmal geschaffen. Die Themen ihrer Werke kreisten stets um ihre Heimat und eigene Erlebnisse, die sie lebendig und melancholisch, aber auch voll Schmerz und sehnsüchtiger Hoffnung beschrieb. Mit sozialkritischem Empfinden spürte sie Ungerechtigkeiten nach, rebellierte gegen Traditionen und Konventionen und suchte mit emanzipatorischer Kraft ihren Weg als erfolgreiche Schriftstellerin und gesellschaftlich akzeptierte Frau. Aus wirtschaftlichen Gründen musste ein Teil ihrer Familie schließlich in die USA auswandern. Erst posthum erfuhr die „narrische Verslmacherin" als Bayerwald-Dichterin die Anerkennung, die sie zu Lebzeiten verdient hätte.

linke Seite
Der Pfahl ist eine einmalige Landmarke im gesamten Bayerischen Wald. Der meist unterirdisch verlaufende, marmorweiße Quarzgang ist vor rund 250 Mio. Jahren entstanden und zählt zu den bedeutendsten tektonischen Phänomenen der Welt.

oben
Sanft geschwungene Wellen sind eine Besonderheit des Bayerischen Waldes. Sie vermitteln das Bild eines weit ausgedehnten „Waldmeers".

unten
Schönau zeichnet sich durch eine romantische Lage über dem tief eingeschnittenen Tal des Schwarzen Regen aus. Fast zwangsläufig musste der Ort daher im Bundeswettbewerb „Unser Dorf hat Zukunft" 2007 eine Goldmedaille bekommen.

linke Seite
Die Burgruine Altnussberg ist die älteste Burganlage des Bayerischen Waldes; sie reicht vermutlich bis in die Karolingerzeit zurück. Ihr Ende kam im Böcklerkrieg 1468/69, als die vereinigten Ritter des Bayerischen Waldes gegen neue Steuerforderungen aufbegehrten und den Wittelsbacher Herzögen Münchens und Landshuts Paroli bieten wollten. Die Burg ging in Flammen auf und wurde geschleift.

Ruine Weißenstein ist wohl die architektonisch eigenartigste Burg Niederbayerns: Die verschiedenen Gebäude sind eng hintereinander gereiht, was sich leicht aus dem extrem knappen Platzangebot auf dem schmalen Felsenriff des Pfahls erklären lässt.

Die Stadt Regen, eine alte Rodungsinsel, liegt am Schwarzen Regen, der den Ortskern halb umschließt. Der Marktplatz ist von alten Bürgerhäusern gesäumt.

rechte Seite
Unterhalb des Haussteins (917 m) liegt in herrlicher Aussichtslage die Asklepios-Klinik Schaufling, ein Rehabilitationszentrum.

linke Seite
In Zwiesel fließen der Große und der Kleine zum Schwarzen Regen zusammen. Der Ortsname ist selbsterklärend: Der Wortteil „Zwi" (= zwei) verweist auf die Flussgabelung, die wohl von Anfang an einen Standortvorteil darstellte (eine erste Urkunde stammt aus dem Jahr 1255).

oben
Fürsteneck war über die Jahrhunderte Passauer Land. Hier legten die Fürstbischöfe großen Wert auf die Sicherheit ihrer Nordflanke: Das heutige Schloss wurde als Grenzbefestigung gegen die bayerischen Herzöge errichtet.

unten
Auch der Markt Perlesreut gehörte lange Zeit zum Passauer Land. Alljährlich im Juli wird im „Schmalzlerfest" die Tradition des Orts gefeiert, wobei der Schnupferwettbewerb nicht fehlen darf: Perlesreut war in den Jahrzehnten nach 1870 eine Hochburg der Tabakherstellung. Der Schmalzler (Schnupftabak) „Perlesreuter Waldler Fresko" wird noch heute nach unveränderter Rezeptur hergestellt und vertrieben.

oben
Das Freilichtmuseum Finsterau zeigt das frühere Leben der bäuerlichen Bevölkerung. Es beherbergt beispielsweise Bauernhäuser, ganze Höfe, eine Dorfschmiede und ein Straßenwirtshaus.

unten
Von Grainet aus begann der lange steile Aufstieg des Goldenen Steiges durch die bewaldeten Grenzkammhänge hinüber nach Böhmen. Hier transportierten Generationen von Säumern auf ihren Lasttieren Salz ins Nachbarland.

rechte Seite
Aus der Vogelperspektive erscheint der Lusen (1373 m) wie ein großer Steinhügel. Sein Gipfel ist auch für den Bayerischen Wald ein ungewöhnlicher: Das Granitblockmeer entstand in den Eiszeiten.

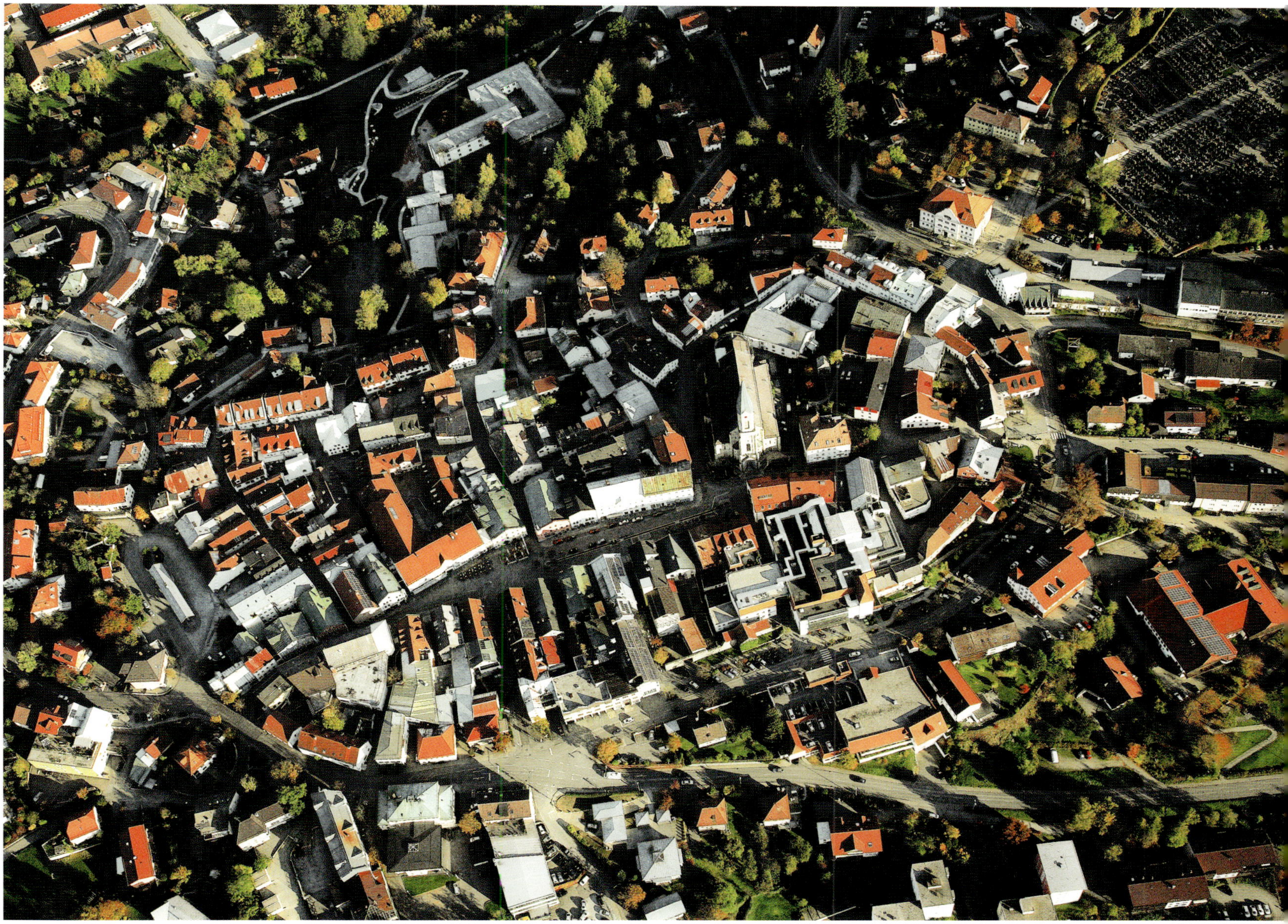

Waldkirchen musste in der gut 800-jährigen Geschichte sechs verheerende Marktbrände über sich ergehen lassen; den letzten hatten US-amerikanische Truppen 1945 ausgelöst. Die größte und jüngste Stadt im Landkreis Freyung-Grafenau hat dies alles überstanden und besinnt sich heute verstärkt auf seine Wurzeln. Dabei ist man besonders stolz auf Emmerenz Meier (1874–1928), die mit ihrer Literatur dem Bayerischen Wald ein gelungenes Denkmal setzte und sozusagen posthum zu seiner Botschafterin wurde.

Der Bayerwaldkamm ist heute im Nationalparkbereich von vielen Hektar toten Waldes bedeckt, wie hier im Bereich des Großen Rachel (1453 m). Seit den 1990er-Jahren schwächten Saurer Regen, Trockenheit und Klimaerwärmung den Waldbestand derart, dass Borkenkäfer leichtes Spiel hatten. Gemäß dem Nationalparkgedanken wurde aber nicht eingegriffen.

Winterwald an der Landesgrenze

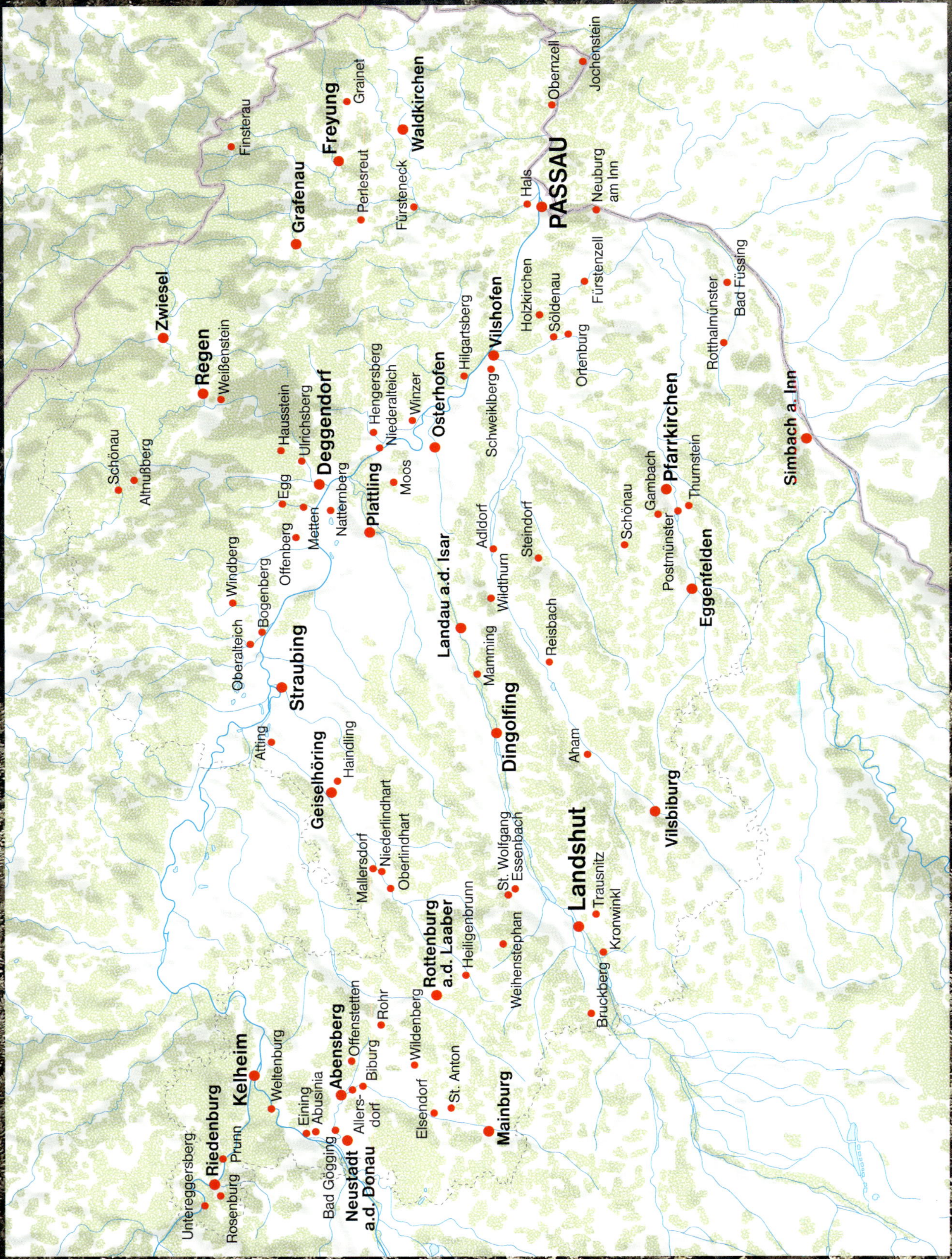

Ortsregister

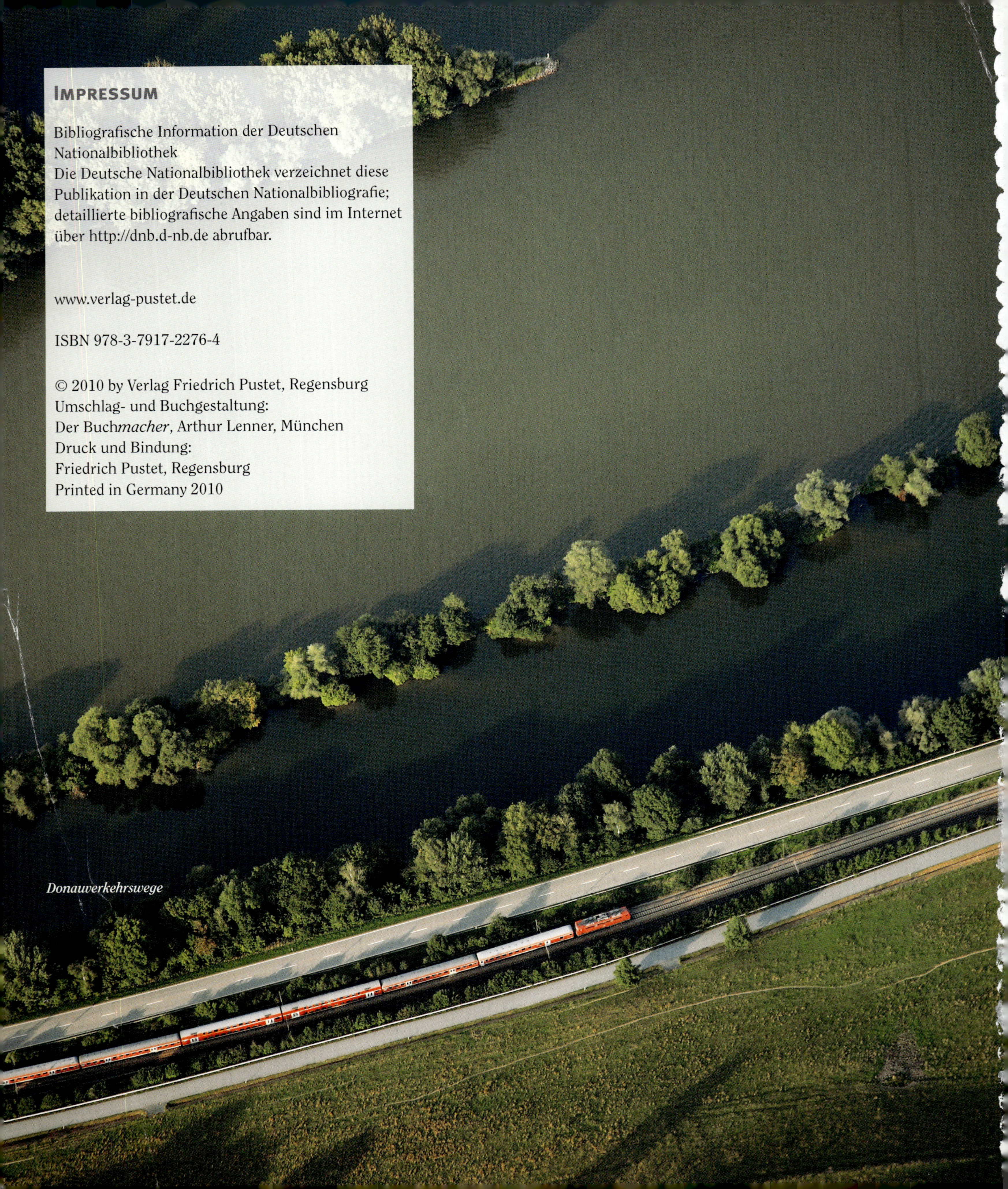

Impressum

Bibliografische Information der Deutschen Nationalbibliothek
Die Deutsche Nationalbibliothek verzeichnet diese Publikation in der Deutschen Nationalbibliografie; detaillierte bibliografische Angaben sind im Internet über http://dnb.d-nb.de abrufbar.

www.verlag-pustet.de

ISBN 978-3-7917-2276-4

Umschlag- und Buchgestaltung:
Der Buch*macher*, Arthur Lenner, München
Druck und Bindung:
Friedrich Pustet, Regensburg
Printed in Germany 2010

Donauverkehrswege